Gino Giovanni Donadi

La «questione fiscale» alla luce della Dottrina Sociale della Chiesa

Gino Giovanni Donadi

La «questione fiscale» alla luce della Dottrina Sociale della Chiesa

Lealtà fiscale: dovere di giustizia e di solidarietà

Edizioni Sant'Antonio

Imprint
Any brand names and product names mentioned in this book are subject to trademark, brand or patent protection and are trademarks or registered trademarks of their respective holders. The use of brand names, product names, common names, trade names, product descriptions etc. even without a particular marking in this work is in no way to be construed to mean that such names may be regarded as unrestricted in respect of trademark and brand protection legislation and could thus be used by anyone.

Cover image: haikudesign.it

Publisher:
Edizioni Accademiche Italiane
is a trademark of
International Book Market Service Ltd., member of OmniScriptum Publishing Group
17 Meldrum Street, Beau Bassin 71504, Mauritius

Printed at: see last page
ISBN: 978-613-8-39179-1

Gino Giovanni Donadi

La «questione fiscale» alla luce della Dottrina Sociale della Chiesa

Grafica di copertina a cura di Haikudesign.it

Introduzione

Questa pubblicazione è il risultato di un'attività di ricerca svolta a conclusione di due percorsi formativi, il primo presso l'Istituto Superiore di Scienze Religiose Giovanni Paolo I – Veneto Orientale e, il secondo, presso la Pontificia Università Lateranense – Pontificio Istituto Pastorale "Redemptor Hominis" in occasione di un Master in Dottrina Sociale della Chiesa.

L'ambito di riflessione è la «questione fiscale», cioè del rapporto, il più delle volte conflittuale, tra il "dovere" di «concorrere alle spese pubbliche in ragione della loro capacità contributiva», come recita l'art. 53 della nostra Costituzione, e le modalità con cui i cittadini, tra cui molti sono coloro che si professano cristiani, vi adempiono.

Nell'accezione più comunemente accettata ogni sistema fiscale è sostanzialmente informato a tre grandi finalità: il primo fine è quello "acquisitivo", cioè procurare risorse all'apparato pubblico per il suo corretto ed efficace funzionamento; il secondo fine è "redistributivo" al fine di poter destinare le risorse recuperate all'attenuazione delle differenze tra cittadini e, infine, la finalità "promozionale" la quale presuppone che il fisco possa essere, mediante un sistema di agevolazioni o di penalizzazioni, strumento di orientamento comportamentale dei cittadini-contribuenti.

Acquisizione, distribuzione e promozione sono finalità "primarie" di ogni legislazione fiscale moderna ispirata ai principi di equità e di giustizia, unitamente a quelli di solidarietà, di sussidiarietà e della partecipazione. Sono meritevoli di approfondimento, quindi, le modalità - sotto il duplice profilo del *quantum* e del *quomodo* - con le quali gli scopi anzidetti trovano concreta attuazione.

L'evasione fiscale, per l'entità che riveste nel nostro Paese e, seppur in misura minore, anche in altre nazioni europee, mette in discussione tali finalità e richiede una riflessione che vada oltre l'ambito del principio civilistico della legalità per coinvolgere più direttamente l'etica, data anche la radicazione dell'Europa nella fede e cultura cristiana.

La «questione fiscale», di cui l'evasione è il fenomeno più rilevante, presenta inevitabilmente un profilo morale, sia perché suscita diverse e talvolta contrastanti valutazioni circa le finalità della raccolta tributaria e, quindi, dei concetti di bene comune, di solidarietà e di condivisione, sia perché rimanda a tematiche attinenti alla stessa concezione di società, di democrazia, di partecipazione.

Il capitolo primo della ricerca è un *excursus* del fenomeno dell'evasione fiscale, delle molteplici sfaccettature con cui si manifesta e delle motivazioni che spesso sono invocate per giustificare l'inadempimento tributario.

Il secondo capitolo si apre con alcune riflessioni su brani evangelici ritenuti indicativi circa il rapporto con la fiscalità, per poi proseguire con l'esame delle testimonianze delle prime comunità cristiane rispetto al dovere di lealtà fiscale. Il capitolo termina con una rassegna della riflessione teologica contemporanea sull'argomento della fedeltà fiscale con l'intenzione di far risaltare i principi che consentano un giudizio etico dei comportamenti evasivi ed elusivi.

La terza parte della ricerca esamina la questione fiscale alla luce sia dei principi fondanti il Magistero sociale della Chiesa, sia dei giudizi dallo stesso espressi nelle diverse encicliche sociali. Il capitolo termina con una sintesi del documento della Commissione Giustizia e pace della Diocesi di Milano le cui riflessioni, seppur formulate da quasi vent'anni, mantengono tuttora una forte vitalità.

Al capitolo quarto si propongono alcune riflessioni di sintesi intese a teorizzare alcune risposte a proposito delle diverse domande emerse nel corso della ricerca quali: qual è il rapporto tra il fisco, il cittadino e lo Stato? La fiscalità è un bene pubblico? Può essere intesa come elemento del bene comune, cioè «cassa comune» della comunità politica che si riconosce in una Nazione? Il dovere di lealtà fiscale è solo un obbligo legale o nel rapporto contributivo tra cittadino e Stato sono coinvolte anche altre dimensioni dell'appartenenza e di cittadinanza? È realizzabile la lealtà fiscale? Quali possono essere le condizioni affinché la *tax compliance*, cioè l'adesione spontanea e cosciente agli adempimenti tributari, diventi un principio etico condiviso? Quando e a che livello può ritenersi giustificata, cioè giusta, equa e condivisa, la pressione fiscale, cioè il rapporto tra la quantità di risorse prelevate dall'erario rispetto alla ricchezza-patrimonio del cittadino? Qual è il corretto comportamento delle diverse figure che animano la scena fiscale? La lealtà fiscale a quali principi etici dev'essere informata?

Tutti quesiti ai quali è problematico fornire risposte univoche; si può e si devono, però, avviare processi di dialogo e di partecipazione responsabile tra tutte le parti interessate: Stato, cittadini, imprese, pubblica amministrazione, istituzioni e corpi intermedi che quotidianamente affrontano la "questione fiscale".

La legalità e la lealtà fiscale sono frutto di una condivisa consapevolezza che il sistema tributario è strumento di accrescimento del "bene comune", ciò sarà possibile solo percorrendo i sentieri della solidarietà, di una concreta sussidiarietà e di un'attiva e responsabile partecipazione di tutti i "cittadini" perché, come ci ricorda Papa Francesco nella sua esortazione apostolica Evangelii gaudium, «Essere fedele cittadino è una virtù e la partecipazione alla vita politica è un'obbligazione morale» (EG 220).

Capitolo primo
La «questione fiscale» e in particolare dell'evasione fiscale

1.1 La «questione fiscale»: rilevanza del problema

Le implicazioni politiche, economiche, sociali ed etiche dell'evasione fiscale, il tema di quale sia il giusto livello di pressione fiscale rispetto al reddito prodotto o alla ricchezza posseduta, le modalità con cui lo Stato esercita le azioni di controllo delle dichiarazioni fiscali e di contrasto al fenomeno evasivo, la farraginosità e l'eccesso di legislazione speciale nell'ambito fiscale, l'abnorme quantità di adempimenti amministrativo-contabili e di formalità dichiarative correlati agli obblighi fiscali e contributivi, le destinazioni e le modalità di gestione delle risorse statali provenienti dalla tassazione e molto altro ancora, sono tutti argomenti che periodicamente tornano alla ribalta dell'opinione pubblica, specie nei momenti di sfavorevole o incerta congiuntura economico-finanziaria quale quella attuale e che il nostro Paese, unitamente alle altre nazioni dell'Unione Europea, sta attraversando con grande fatica e travaglio.

Il Card. Carlo Maria Martini nella presentazione del documento redatto nell'anno 2000 dalla Commissione diocesana Giustizia e Pace della Diocesi di Milano dal titolo «Sulla questione fiscale. Contributo alla riflessione» ha così presentato la problematica:

> «La "questione fiscale" è una delle questioni più complesse e ardue da affrontare: non è un tema né facile, né comodo; rimanda ad argomenti più radicali attinenti la stessa concezione di società, di Stato, di democrazia; suscita diverse e talvolta contrapposte valutazioni; la sua trattazione non è esente dal pericolo di lasciarsi prendere da passioni ed emozioni non sempre governabili. A mostrare le difficoltà del tema concorre anche la constatazione del fatto che se ne parla relativamente poco nelle esposizioni correnti della dottrina sociale della Chiesa. Eppure la questione fiscale ha un rilievo sociale e politico rilevante nella vita e nell'azione degli Stati».[1]

Sul fatto che la questione fiscale, nelle molteplici sfaccettature con cui si presenta, sia stata poco esaminata in campo teologico morale concorda anche Gianpaolo Salvini:

---

[1] Commissione Diocesana Giustizia e Pace della Diocesi di Milano, *Sulla questione fiscale. Contributo alla riflessione*, Centro Ambrosiano, Milano, 2000, sta in http://web.tiscalinet.it/identitaeuropea/archivio/terzapagina/fisco-ricciotti.html.

«Nei 2.865 numeri nei quali è suddiviso il *Catechismo della Chiesa Cattolica* si trovano tre numeri dedicati al pur doveroso rispetto per gli animali, un numero dedicato allo sciopero (la sua liceità e i suoi limiti) e uno sui contributi in materia di lavoro, che vanno doverosamente pagati. Ma non c'è nessuna menzione delle tasse e del fisco in genere, anche se si parla del compito dello Stato di assicurare la destinazione universale dei beni. Se ne parla invece nel *Compendio della dottrina sociale della Chiesa*, che tuttavia dedica a "la raccolta fiscale e la spesa pubblica" un solo numero (il n. 355) nel capitolo intitolato "Istituzioni economiche al servizio dell'uomo". Precedentemente ne aveva parlato la costituzione pastorale *Gaudium et spes* del Concilio Vaticano II, affermando, in una sezione intitolata "Occorre superare l'etica individualistica", il dovere sociale di contribuire al bene comune secondo le proprie possibilità, mentre "non pochi non si vergognano di evadere, con vari sotterfugi e frodi, alle giuste imposte o agli altri obblighi sociali».[2]

I rapporti tra giustizia e pressione fiscale, tra il dovere di pagare le tasse e l'evasione, cioè il sottrarsi al pagamento delle stesse, sono questioni che ricorrono spesso nella storia dell'umanità. L'insofferenza dei cittadini verso l'erario non è certo un fatto recente. Il fenomeno dell'evasione fiscale è antico, nasce da quando l'uomo si è organizzato in comunità sempre più complesse che per il loro funzionamento abbisognavano di risorse.

Nel 387 d.C., ad esempio, ad Antiochia di Siria, il popolo, esasperato dall'aumento della pressione fiscale decretata dall'imperatore Teodosio, si è ribellato distruggendo le statue raffiguranti l'imperatore e i suoi familiari, episodio che è poi passato alla storia con l'appellativo di «rivolta delle statue». Fu solo per il tramite del vescovo, dei monaci e della predicazione di San Giovanni Crisostomo, allora ancora giovane presbitero, che fu placata l'ira imperiale e la minaccia di distruzione della città. Nel ricordare l'episodio Benedetto XVI, con sottile ironia ha così commentato: «Si vede che alcune cose nella storia non cambiano!».[3]

Il Santo Padre è ritornato poi sul tema dell'evasione fiscale all'Udienza generale del 31 ottobre 2007, citando San Massimo, vescovo di Torino nel V secolo, il quale, nell'esortare i fedeli all'amor di patria, li aveva anche richiamati al «preciso dovere di far fronte agli oneri fiscali, per quanto gravosi e sgraditi essi possano apparire».[4]

---

[2] SALVINI GIANPAOLO, *Sistema fiscale ed etica*, in *La Civiltà Cattolica*, (2006/I) quaderno 3738, pag. 561

[3] BENEDETTO XVI, «Udienza generale del 19 settembre 2007» sta in http://vatican.va/holy_father/benedict_xvi/audiences/2007

[4] BENEDETTO XVI, «Udienza generale del 31 ottobre 2007» sta in http://vatican.va/holy_father/benedict_xvi/audiences/2007.

Alle origini della rivoluzione americana si colloca, seppur in chiave tutta politica, l'evento di uno "sciopero fiscale" indetto contro gli alti dazi imposti dall'Inghilterra sui prodotti di importazione dalla madrepatria alle colonie (il c.d. *Sugar Act*) e l'introduzione di un'imposta di bollo (la c.d. *Stamp Act*) sui documenti ufficiali e sui giornali destinati alle colonie, protesta fiscale che si svolse sotto il celeberrimo slogan «*no taxation without representation*», nessuna imposta o tassa può essere introdotta senza il consenso dei rappresentanti del popolo.

Anche la campagna di Mahatma Gandhi per l'indipendenza dell'India ebbe uno dei suoi punti chiave in una protesta fiscale nei confronti degli occupanti britannici; tale resistenza ebbe il suo culmine nel 1930 con la famosa «marcia del sale» attraverso l'India contro il monopolio governativo del sale.

Il 20 aprile 1814, a Milano, avvenne il linciaggio del ministro delle finanze del Regno d'Italia Giuseppe Prina, inviso dalla popolazione per il suo temperamento vigoroso e la sua intransigenza nell'applicare le tasse e drenare risorse a favore delle casse napoleoniche.

Molti altri esempi si potrebbero citare a comprova del fatto che il pagamento delle imposte ha da sempre rappresentato un'area di forte criticità dei rapporti tra suddito e monarca, tra cittadino e Stato, tra contribuente ed erario.[5]

La questione fiscale, dunque, si presenta con molteplici sfaccettature tra le quali quella dell'evasione fiscale, cioè del sottrarsi all'obbligo del pagamento delle imposte da parte del cittadino, è forse la più vistosa sia per le dimensioni quantitative del fenomeno, sia per l'elevato numero dei soggetti coinvolti.

S'impone, in primo luogo, un rapido excursus sul concetto di evasione fiscale al fine di differenziarla da altri fenomeni i quali, pur avendo il medesimo obiettivo, cioè la diminuzione del peso tributario, non sono considerati illeciti o reati.

[5] Un'ampia rassegna di episodi di insofferenza e di ribellione fiscale si trova in: UGO BERTONE E LANFRANCO TAVASCI, *Vizi e virtù del pubblicano. Storia romanzata (ma non troppo) di un mestiere vilipeso dagli uomini ma benedetto dai Santi*, Edizioni Gema, Bari, 2011.

1.2 COSA S'INTENDE PER EVASIONE FISCALE

In prima battuta si può definire l'evasione fiscale (*tax insolvency* secondo un'espressione inglese) quell'insieme di comportamenti omissivi e attivi, intesi a sottrarre materia imponibile al fisco e dai quali consapevolmente deriva un importo del tributo dovuto inferiore a quello previsto dall'ordinamento fiscale.

L'evasione fiscale si sostanzia dunque in un comportamento *contra legem* che si realizza quando il contribuente volutamente si rende inadempiente rispetto all'obbligazione tributaria. È dunque un comportamento consapevolmente finalizzato al nascondimento, in tutto o in parte, di base imponibile - e, quindi, all'omissione del versamento delle imposte dovute - mediante l'occultamento degli elementi positivi o la dissimulazione di quelli negativi della base imponibile, oppure agendo su entrambi i fronti.

L'evasione fiscale è intensamente connessa sia con il fenomeno dell'economia sommersa[6], sia con le questioni attinenti al riciclaggio di risorse finanziarie provenienti da attività illecite.[7]

---

[6] Per economia sommersa s'intende quell'insieme di attività economiche che presentano la caratteristica di sfuggire all'osservazione statistica per motivi di ordine fiscale (volontà di evadere le imposte) oppure per motivazioni di ordine giuridico (mancanza di condizioni per svolgere legalmente una determinata attività). Il concetto di economia sommersa - *shadow economy* secondo un'eccezione anglosassone - è sfuggente e sfaccettato a causa dell'intreccio di elementi economici e di elementi di diversa natura che sono normalmente oggetto di studio da parte di altre discipline sociali; ciò si riflette nelle varietà dei termini utilizzati per descrivere l'economia sommersa tra cui si segnalano quelli di economia "informale, nascosta, sotterranea, parallela, irregolare, nera, duale".

[7] Il riciclaggio di denaro è quell'insieme di operazioni mirate a dare parvenza lecita a risorse finanziarie la cui provenienza sia, in realtà, illecita, altrimenti più facilmente smascherabili, rendendone così più difficile l'identificazione e il successivo eventuale recupero. In questo senso è d'uso comune la locuzione di riciclaggio di "denaro sporco". È uno dei fenomeni su cui si appoggiano l'economia sommersa e le attività criminali organizzate. Nella stragrande maggioranza degli ordinamenti giuridici le attività di riciclaggio costituiscono un reato. Infatti, oltre alla deprecabilità delle condotte criminose all'origine e il tentativo di mascherarle, esso genera anche inaccettabili distorsioni nel ciclo economico, alterando i normali meccanismi di accumulo della ricchezza e di approvvigionamento delle fonti di finanziamento, generando fenomeni imprenditoriali che, a causa della facilità di reperimento dei capitali, sono più competitivi della concorrenza. Operando, spesso, nei settori economici ove si fa largo uso di denaro contante il riciclatore riesce a rilevare o comunque mantenere sul mercato attività poco o per nulla remunerative, il cui unico scopo è restare aperte nonostante il passivo finanziario accumulato. In questo modo, egli riesce a praticare condizioni più vantaggiose, o a rimanere sul mercato nonostante situazioni di sovraffollamento del settore di riferimento, o ancora a garantire trattamenti lavorativi più appetibili e vantaggiosi. In tal modo, da un lato, la criminalità falsa i naturali meccanismi di concorrenza del mercato tenendo bassi i prezzi e provocando disoccupazione, e dall'altro si garantisce un certo consenso sociale che può sfruttare per perseverare nelle finalità illecite più disparate. Tali attività, inoltre, poiché illegali, sono anche intrinsecamente instabili e precarie, a tutto discapito delle garanzie economiche di coloro che vi prestano la loro attività lavorativa.

Di segno totalmente opposto è invece il comportamento del risparmio d'imposta (*tax saving* nel linguaggio anglosassone) con il quale il contribuente, muovendo dalla considerazione che non si rinviene nell'ordinamento alcuna norma che impedisca di minimizzare lecitamente l'onere tributario, opera la scelta meno onerosa tra le diverse possibilità offerte dal sistema fiscale.

In posizione intermedia tra i due opposti poli dell'evasione fiscale e del risparmio d'imposta, ma più in contiguità con il primo, sta il fenomeno dell'elusione fiscale (*tax avoidance*) la quale può essere definita come quel comportamento inteso a utilizzare strumentalmente le carenze dell'ordinamento tributario allo scopo di evitare il perfezionamento del presupposto impositivo e, quindi, dell'insorgenza dell'obbligazione tributaria. L'elusione fiscale, dunque, identifica quei metodi di riduzione legale del prelievo che sfruttano le smagliature e i sotterfugi consentiti dall'interpretazione e dall'applicazione di norme tributarie disegnate per finalità diverse. Lo scopo dell'elusione è conseguire un vantaggio fiscale indebito; si tratta cioè di un inadempimento indiretto dell'obbligazione tributaria.

Il confine tra evasione ed elusione non è sempre ben individuabile. Lo scopo è pur sempre lo stesso: sottrarsi all'obbligo contributivo in ragione dei principi che disciplinano l'imposizione fiscale nei diversi paesi, per l'Italia secondo il principio della capacità contributiva fissato dall'art. 53 della Costituzione. Ciò che cambia, in buona sostanza, è il metodo: diretto, nel caso dell'evasione fiscale, mediante "occultamento" della base imponibile; indiretto, nel caso dell'elusione fiscale, cioè mediante la "dissimulazione" della propria capacità contributiva. In sintesi, l'evasione fiscale è *contra legem*, l'elusione fiscale è *extra legem*.

In concreto le modalità dell'evasione e dell'elusione fiscale dipendono sia dal tipo di tributo che si intende evadere, sia dalla disciplina e dagli adempimenti previsti dall'ordinamento per l'applicazione di uno specifico tributo alla particolare tipologia di determinazione della base imponibile. L'evasione fiscale interessa, seppur con modalità ed intensità diversificate, tutti i settori della vita economica e tutte le tipologie di presupposto impositivo previste dall'ordinamento.

Nell'ambito del reddito d'impresa, cioè degli imponibili fiscali derivanti dall'esercizio di attività economiche imprenditoriali, si riscontrano fenomeni evasivi consistenti nell'occultazione di ricavi omettendo il rilascio della relativa documentazione fiscale (fatture, ricevute, scontrini), oppure contabilizzando costi e spese di non stretta inerenza all'attività svolta, o ancora aumentando l'ammontare dei costi tramite la contabilizzazione di fatture false, cioè non veritiere. Analoghi comportamenti evasivi, cioè finalizzati alla riduzione della base imponibile, si riscontrano nell'ambito dei redditi derivanti dall'esercizio di attività di lavoro autonomo.

L'evasione è conosciuta anche in altri ambiti rispetto a quello imprenditoriale e libero professionale. Così nell'ambito del lavoro dipendente si pensi ai casi del lavoro svolto «in nero» o dei premi pagati «fuori busta».

Il fenomeno dell'occultazione del reddito si registra anche nel settore delle locazioni immobiliari agendo sia sul fronte dei canoni di locazione dichiarandoli in misura inferiore al reale, sia omettendo la registrazione dei contratti e, quindi, il pagamento delle imposte ad essi correlate. In altri casi, soprattutto nell'ambito del settore impositivo sui trasferimenti immobiliari, l'evasione si attua dichiarando imponibili inferiori ai prezzi realmente pattuiti così da pagare minori imposte.

L'evasione fiscale si realizza altresì ponendo in essere procedimenti di frode, mediante cioè interposizioni fittizie e operazioni economiche virtuali tra società apparentemente operative, ma costituite al solo fine di non riversare l'imposta sul valore aggiunto (Iva). In quest'ambito, ad esempio, è frequente la cosiddetta «frode carosello», cioè l'attuazione di un procedimento fraudolento dell'Iva attuato mediante vari passaggi di beni, in genere provenienti ufficialmente da un Paese dell'Unione Europea, al termine dei quali l'impresa italiana acquirente dei beni stessi può operare la detrazione dell'Iva evidenziata sulla fattura di acquisto, nonostante che il venditore compiacente non l'abbia versata all'erario. La frode fiscale, invero, è una variante più grave dell'evasione poiché basata sull'impiego di meccanismi sofisticati che creano un'apparenza di regolarità, dietro la quale si cela l'evasione, rendendo così più difficoltosa l'azione di accertamento dell'amministrazione finanziaria.

La cosiddetta «catena del nero» è un'altra manifestazione dell'evasione fiscale. I lavoratori autonomi che non emettono fattura o che non rilasciano ricevuta fiscale (su propria iniziativa o su invito del loro cliente al fine di risparmiare l'Iva sulla prestazione) devono poi convincere i propri fornitori a fare altrettanto quando acquistano da questi il materiale di cui hanno bisogno per la loro attività e ciò al fine di «aggiustare, riequilibrare i conti» tra ricavi e acquisti. I fornitori a loro volta estenderanno tale richiesta verso l'alto della catena distributiva fino ad arrivare ai produttori o importatori del materiale. È una forma di evasione strisciante, capillare, alquanto diffusa, che coinvolge trasversalmente tutti gli ambiti sociali ed economici e per effetto della quale tutti i soggetti coinvolti (utente finale, lavoratore autonomo, fornitori di materiale, produttori) ritengono di conseguire buoni vantaggi monetari, dal risparmio dell'Iva alla riduzione degli imponibili fiscali e, quindi, delle imposte da versare.

L'esemplificazione potrebbe continuare a lungo e non è certamente questa la sede per illustrare in dettaglio tutte le modalità attraverso le quali si attuano i comportamenti di evasione fiscale. Ai nostri fini interessa rilevare la vastità del fenomeno, l'intenzionalità del contribuente nell'evadere le imposte e, in particolare, il fatto che «difficilmente si incontra qualcuno che avverte come colpa l'aver evaso o eluso le tasse dovute».[8]

Prima di proseguire con la nostra analisi del fenomeno dell'evasione fiscale si rende necessaria una precisazione terminologica. Secondo l'opinione pubblica corrente sono annoverati tra gli evasori anche quei contribuenti che sarebbero inadempienti rispetto alla normativa fiscale a seguito di mutati orientamenti giurisprudenziali e/o interpretativi, fenomeno la cui ricorrenza non è infrequente in ambito tributario stante la considerevole mole di provvedimenti legislativi. In questi casi l'effetto evasivo finale non è stato ricercato dal cittadino-contribuente, bensì patito per effetto di modificazioni esterne alla sua volontà.

Così pure va tenuta distinta dalla categoria dell'evasione fiscale il comportamento di quel contribuente che assolve correttamente tutti i propri obblighi dichiarativi ma

---

[8] SALVINI GIANPAOLO, *Sistema fiscale ed etica*, op. cit., pag. 561

che, per motivazioni di carattere finanziario, rinvia il pagamento dei tributi dovuti. In questi casi, più che di evasore fiscale si dovrebbe parlare di debitore fiscale.

1.3 L'EVASIONE FISCALE IN CIFRE

Ma quanto è diffuso il fenomeno dell'evasione fiscale? Esistono quantificazioni? Quanto è rilevante in Italia? E negli altri paesi?

Le incertezze che circondano la quantificazione dell'evasione fiscale risiedono nell'oggettiva difficoltà di delimitare i contorni di un fenomeno che, per sua natura, ha la tendenza a mascherarsi, a rimanere sconosciuto, a rivestirsi dell'anonimato. Molti sono i tentativi di misurare l'evasione fiscale la quale, proprio perché fenomeno inconoscibile sotto il profilo della misurazione statistica può essere solo oggetto di stime più o meno accurate. Tra i più recenti spicca per interesse la "Relazione sull'economia non osservata e sull'evasione fiscale e contributiva anno 2018"[9] a cura dalla Commissione istituita presso il Ministero dell'economia e delle finanze ai sensi del Decreto Legislativo 24 settembre 2015 n. 160, Commissione che coinvolge rappresentati delle Amministrazioni pubbliche, centrali e locali, nonché soggetti provenienti dal mondo accademico e istituzionale.

Dai dati esposti nelle diverse tabelle riprodotte nella Relazione «in media, per il triennio 2013 – 2015, per il quale si dispone di un quadro completo delle valutazioni, si osserva un *gap* complessivo pari a circa 108,9 miliardi di euro, di cui 97,8 miliardi di mancate entrate tributarie e 11,1 miliardi di mancate entrate contributive... La propensione al *gap* relativa alle entrate tributarie, in media pari al 22,1%».

In dettaglio, sempre nel triennio 2013 – 2015, il *tax gap*, cioè la perdita di gettito, riguardante l'Irpef – Imposta sul reddito delle persone fisiche da lavoro autonomo e da impresa, ammonta a 32.876 milioni di euro con una propensione percentuale al *gap*, all'evasione, pari al 68,3%. L'evasione dell'imposta sul valore aggiunto - Iva ammonterebbe a 34.895 milioni di euro con una propensione al *gap* del 27,1%. Per

[9] *Relazione sull'economia non osservata e sull'evasione fiscale e contributiva anno 2018 (art. 10-bis c. 3 Legge 31 dicembre 2009, n. 196)*, sta in www.mef.gov.it/documenti-allegati/2018/A6_-_Relazione_evasione_fiscale_e_contributiva.pdf

quel che concerne l'Ires, cioè l'imposta sul reddito delle società, l'evasione è quantificata in 8.040 milioni di euro con una propensione media del 24%. L'Irap, imposta regionale sulle attività produttive, presenta un tasso di evasione del 22,3% a cui corrisponde un ammontare di 7.568 milioni di euro evasi. L'Irpef da lavoro dipendente irregolare evidenzia un ammontare di evasione pari a 4.863 milioni di euro, cui si devono aggiungere 713 milioni di euro riferiti alle addizionali Irpef regionale e comunale; il tasso di propensione all'evasione è pari al 3,5%.

Le cifre sono ragguardevoli: l'ammontare dell'evasione fiscale è di 1,7 volte la spesa per il settore dell'istruzione; se tutta l'evasione fosse recuperata e le risorse disponibili per l'istruzione e la cultura potrebbero aumentare del 70%. Il recupero totale dell'evasione fiscale potrebbe raddoppiare le risorse disponibili per il sistema pubblico sanitario. L'ammontare dei tributi e contributi sottratti all'erario rappresenta il 6,6% del Prodotto interno lordo e il 5% del debito pubblico. Se tutta l'evasione fosse recuperata il debito pubblico potrebbe essere azzerato in poco meno di vent'anni.

La Fondazione nazionale dei Commercialisti, dopo aver analizzato in dettaglio i dati esposti nella "Relazione sull'economia non osservata e sull'evasione fiscale e contributiva anno 2018" giunge alla conclusione che «Numeri alla mano è un luogo comune quello secondo il quale dipendenti e pensionati paghino per intero le tasse e che l'evasione sia da ricondursi per intero alle partite IVA. Si tratta in realtà di un fenomeno trasversale che per quasi la metà del suo ammontare è riconducibile a chi una partita IVA non ce l'ha».[10]

Secondo la Fondazione dei commercialisti il 72,9% dell'evasione Iva «si realizza nelle transazioni con consumatori finali non partite IVA, per effetto del convergente interesse della partita IVA di non fatturare (per poi non dichiarare ai fini delle imposte sul reddito i propri ricavi o compensi) e della persona fisica consumatore finale di non pagare l'IVA a suo carico in aggiunta al ricavo o compenso che corrisponde a chi gli cede un bene o gli presta un servizio».

---

[10] Consiglio Nazionale dei Dottori Commercialisti e degli Esperti Contabili, Comunicato stampa del 26 giugno 2018, sta in http://commercialisti.it/Portal/Documenti/Dettaglio.aspx?id=8775feb8-dc63-4ae0-9108-a07d0948047b

La Fondazione, nel rielaborare i dati contenuti nella Relazione della Commissione istituita presso il MEF, perviene alla conclusione che l'evasione fiscale e contributiva è riconducibile per il 13,9% al lavoro dipendente irregolare per Irpef e contributi, per il 54,3% alle piccole e grandi partite Iva per Irpef, Ires, Irap e Iva su consumi intermedi e per il 31,8% alla generalità dei contribuenti per locazioni, canone Rai, IMU e Iva su consumi finali. Dunque, a giudizio della Fondazione, «il fenomeno dell'evasione, seppur maggiormente concentrato sulle partite IVA per quanto concerne le imposte sul reddito e sui consumatori finali non partite IVA per quanto riguarda l'imposta sul valore aggiunto, è comunque palesemente trasversale».

Il fenomeno dell'evasione fiscale si manifesta con una certa rilevanza anche in altri paesi dell'Unione europea.

Secondo i dati pubblicati nel settembre 2017 dalla Commissione Europea[11], riferiti però al 2015, il "VAT gap", cioè la differenza tra le entrate a titolo di imposta sul valore aggiunto (Iva) previste e quelle riscosse negli Stati membri ammonta a 151,5 miliardi di euro. I divari più significativi, in termini percentuali, sono stati registrati in Romania (37,2%), in Slovacchia (29,4%), in Grecia (28,3%).

In termini assoluti, però, il divario maggiore (35.093 milioni di euro) è stato quello dell'Italia, cui segue quello della Germania (22.366 milioni di euro), del Regno Unito (22.210 milioni di euro), della Francia (20.133 milioni di euro).

Altra ricerca interessante, poiché pone a raffronto i dati rinvenibili nei ventisette paesi associati nell'Unione Europea, è quella effettuata dal "Tax Research LLP" di Londra per conto del "Gruppo dell'Alleanza Progressista di Socialisti & Democratici al Parlamento Europeo", ricerca resa nota nel febbraio del 2012.[12]

Ebbene dalle tabelle riprodotte nelle quasi cento pagine di cui si compone il rapporto, emerge la conferma che l'evasione fiscale è un fenomeno comune in tutti i Paesi dell'Unione Europea. Nel 2009, nell'Europa dei ventisette paesi, l'evasione fi-

---

[11] EUROPEAN COMMISSION, "*VAT Gap Report, September 2017*", sta in https://ec.europa.eu/taxation_customs/sites/files/vat_gap_factsheet_2017

[12] Tax Research LLP, *Closing the European Tax Gap. A report for Group of the Progressive Alliance of Socialists & Democrats in the European Parliament*, sta in http://www.socialistsanddemocrats.eu/gpes/media3/documents/3842_EN_richard_murphy_eu_tax_gap_en_120229.pdf.

scale è di poco superiore a 864 miliardi di euro, pari al 22,1% del totale delle entrate delle amministrazioni fiscali.

La maglia nera è indossata dall'Italia con un ammontare di evasione di poco superiore ai 180 miliardi di euro, corrispondenti al 27% degli introiti complessivi dell'erario. L'ammontare dell'evasione italiana, secondo lo studio londinese, rappresenta quasi il 24% della spesa pubblica; in altre parole, per effetto dell'evasione fiscale, annualmente viene a mancare allo Stato un ammontare di risorse pari a circa un quarto della spesa pubblica complessiva.

Nella classifica europea dell'evasione fiscale, subito dopo l'Italia si colloca la Germania con un ammontare di tributi evasi di poco superiore ai 158 miliardi di euro; a seguire la Francia con un importo di evasione all'incirca di 120 miliardi di euro, il Regno Unito con poco più di 74 miliardi di euro e la Spagna con oltre 72 miliardi di euro. A seguire paesi quali il Belgio, l'Olanda, la Polonia e la Svezia con un livello di evasione intorno ai 30 miliardi di euro.

Pur adoperando tutte le cautele con cui tali dati devono essere letti, la diffusione e la vastità del fenomeno "evasione fiscale" è indubbia sia in Italia che negli altri paese dell'Unione europea.

Molti altri studi, analisi e ricerche potrebbero essere in questa sede citati, ma ai nostri fini sono sufficienti i pochi dati evidenziati i quali, seppur discordanti in taluni punti, dimostrano comunque la vastità e l'intensità, e non solo in termini economici e finanziari, del fenomeno dell'evasione fiscale e, più in generale, dell'economia sommersa.

1.4 QUALI LE MOTIVAZIONI DELL'EVASIONE? PERCHÉ SI EVADE?

L'evasione fiscale è un fenomeno complesso le cui origini si possono rinvenire nell'interagire dei diversi protagonisti che operano sulla scena tributaria. I principali protagonisti sono tre:

- Il Legislatore, che fissa le norme fiscali e contributive;

- L'Amministrazione Finanziaria, che ne cura gli aspetti applicativi promuovendo e imponendo il rispetto delle regole;
- I Cittadini - contribuenti i quali, da un lato, adottano i loro comportamenti come risposta alla legislazione fiscale e contributiva e, dall'altro lato, poiché parte del corpo elettorale determinano, attraverso i rappresentati al Parlamento, la legislazione tributaria.

A questi si aggiungono altri attori i quali, con il loro agire nel complesso mondo dei tributi, possono imprimere maggiore o minore intensità al fenomeno evasivo; tra essi si annoverano:

- I Consulenti fiscali, che interagiscono con i cittadini-contribuenti coadiuvandoli e consigliandoli nei diversi adempimenti tributari imposti dall'ordinamento;
- Gli enti preposti alla riscossione dei crediti tributari frutto dell'attività accertativa degli uffici finanziari;
- Le Commissioni tributarie, chiamate a decidere riguardo alle domande di giustizia dei contribuenti e degli uffici.

Da un'analisi della gran mole di scritti, studi e ricerche effettuati sull'argomento, emerge che le cause che influenzano la diffusione e l'entità dell'evasione sono molteplici e hanno svariate origini.

1.4.1 *I comportamenti opportunistici*

Una prima causa può essere individuata in quelli che possono definire "comportamenti opportunistici" o "scelta di portafoglio". Rispetto al dilemma tra pagare o evadere, il contribuente adotta la sua scelta tenendo conto dell'ammontare dell'imposta dovuta, a sua volta dipendente dal livello del reddito e delle aliquote impositive; della sua propensione al rischio; della probabilità di subire un controllo; dell'ammontare delle sanzioni previste.

In altre parole, l'evasione è la risultante di una scelta intenzionale del cittadino-contribuente, il quale, dopo aver attentamente valutato il rischio di subire un accertamento fiscale, decide se evadere o no. La scelta, dunque, è fortemente influenzata da fattori quali l'efficienza e la capacità di accertamento dell'Amministrazione pubblica, e dai modi con cui è attuata l'attività di controllo sulle dichiarazioni del contribuente.

Nell'ambito degli studi economici questa causa di evasione fiscale è stata teorizzata mediante la proposizione di modelli econometrici. Il modello di partenza è quello del 1972 proposto dagli economisti Allingham e Sandmo, modello nel quale la scelta di evadere è presentata come "scelta di portafoglio" di un "agente economico razionale" che vuole massimizzare la propria utilità, data una certa probabilità di essere sottoposto ad accertamento: se evade ottiene un premio, se è scoperto viene sanzionato. Dovrà quindi scegliere un livello di evasione che tenga conto di questi fattori, alla luce del suo grado di avversione al rischio. Le variabili rilevanti per la scelta, dunque, sono la frequenza degli accertamenti, l'entità della sanzione, il reddito, le aliquote, l'avversione al rischio e il disagio che l'accertamento provoca al contribuente.

In base ad esse si possono tra l'altro identificare le condizioni di convenienza dell'evasione, il beneficio del contribuente e la perdita di gettito. Secondo il modello:

a) il contribuente agisce razionalmente e in termini egoistici al solo scopo di massimizzare, in condizioni d'incertezza, la propria utilità attesa; altre motivazioni di tipo etico, sociali e simili gli sono estranee;
b) il contribuente manifesta un certo grado di avversione al rischio di essere scoperto e punito. Se fosse amante del rischio, sarebbe portato a evadere in misura totale; se l'avversione fosse invece assoluta, cioè infinita, pagherebbe integralmente le imposte dovute. Si tratta dei due comportamenti polari che nella realtà si registrano con scarsa incidenza percentuale, più frequenti sono i casi intermedi;
c) il contribuente conosce il proprio reddito effettivo, importo che, invece, non è noto all'Amministrazione finanziaria, alla quale dichiara solo una parte, più o meno elevata;
d) esiste una semplice imposta proporzionale o media sul reddito, definita da un'aliquota percentuale che si applica sul reddito dichiarato;
e) esiste una certa probabilità, nota al contribuente o almeno determinabile, che la dichiarazione fiscale sia sottoposta ad accertamento il cui esito, si assume, è la sco-

perta integrale dell'evasione e, quindi, l'amministrazione è in grado di determinare esattamente il reddito effettivo e di imporre l'integrale pagamento dell'imposta evasa, oltre ad una sanzione amministrativa proporzionale all'entità dell'evasione.

Secondo la più recente letteratura economica, il modello Allingham-Sandmo incorpora ipotesi a volte semplificate e talora poco realistiche ed è spesso criticato poiché considera solo il comportamento del contribuente quale fosse un soggetto isolato, tralasciando di analizzarne ogni interazione strategica con l'attività dell'Amministrazione finanziaria ed in generale con le istituzioni pubbliche. Il modello, inoltre, non considera – e questo può essere un suo ulteriore limite – l'interrelazione tra il soggetto che decide di evadere e gli altri soggetti con i quali si relaziona.

Nonostante questi limiti e benché la letteratura economica sia approdata a integrazioni e miglioramenti della lettura econometrica della *tax noncompliance* (non conformità fiscale, slealtà fiscale) introducendo nuovi approcci teorici quali la conoscenza soggettiva del sistema fiscale, la percezione del tasso equità/iniquità fiscale, i giudizi morali (*tax morale*) sull'evasione, il modello costituisce tuttora un punto obbligato di partenza per le analisi economiche dell'evasione, se non altro perché evidenzia il ruolo e la quantificazione di una serie di parametri rilevanti e fa emergere un'ampia varietà di risultati, specialmente quando si tratta di configurare nuove tipologie di accertamento.

1.4.2 *Eccesso di burocrazia*

Altro motivo spesso invocato a giustificazione dell'evasione fiscale è correlato alla quantità e alla complessità degli adempimenti amministrativi, contabili e dichiarativi imposti dal legislatore e, in generale, dalla Pubblica amministrazione per l'assolvimento degli obblighi tributari, adempimenti che per i contribuenti rappresentano costi e vincoli i quali, se percepiti troppo elevati in rapporto alla situazione reddituale, indurrebbero il ricorso a forme di attività non ufficiali, cioè sommerse, determinando così fenomeni di evasione fiscale, oltre al "risparmio" del costo degli adempimenti per questa via non sostenuti. Secondo alcuni studi ammonterebbe a circa 26,5 miliardi di euro il costo che le piccole e medie imprese italiane sopportano ogni anno per espletare gli obblighi amministrativi imposti dallo Stato:

> «Ormai la burocrazia è diventata una *tassa occulta* che sta soffocando il mondo delle piccole e medie imprese. L'inefficienza del sistema pubblico italiano continua a penalizzare le imprese attraverso un spaventoso aumento dei costi. I tempi e il numero degli adempimenti richiesti dalla burocrazia sono diventati una patologia endemica che caratterizza negativamente il nostro Paese. Non è un caso che gli investitori stranieri non vengano ad investire in Italia anche per la farraginosità del nostro sistema burocratico. Una legislazione spesso indecifrabile, l'incomunicabilità esistente tra gli uffici delle varie amministrazioni, la mancanza di trasparenza, l'incertezza dei tempi e un numero spropositato di adempimenti richiesti hanno generato un velo di sfiducia tra imprese private e Pubblica amministrazione che, nonostante gli sforzi fatti dal legislatore, non sarà facile rimuovere... c'è da chiedersi come facciano i nostri imprenditori a reggere ancora il confronto. Per questo bisogna dire basta ad un fisco opprimente e ad una burocrazia ottusa. Lavorare in queste condizioni costringe gli imprenditori italiani a trasformarsi quotidianamente in piccoli eroi: questo non deve più accadere».[13]

L'Ufficio Studi della Confcommercio, con riferimento al 2016, ha calcolato in 240 ore annue il tempo necessario «alla predisposizione dei documenti fiscali e al pagamento delle obbligazioni tributarie e contributive presso un'impresa di riferimento»; un confronto internazionale vede la Germania con 218 ore annue, il Giappone e gli Stati Uniti 175 ore, la Spagna 152 ore, la Francia 139, il Regno Unito 110, Norvegia 83, Svizzera 63 ore annue.

Il fisco, in altre parole, è sempre più un "rompicapo"; alcuni dati rendono ben chiara la situazione:

- In Italia le imposte e le tasse in vigore, anche se una stima ufficiale non esiste, sono all'incirca 270;
- Le leggi fiscali in vigore sono poco meno di duemila;
- Dal 1° gennaio 1988, data di entrata in vigore del TUIR (Testo unico delle imposte sui redditi), le modifiche allo stesso apportate sono state più di mille, mediamente una modifica ogni settimana;

---

[13] CGIA MESTRE, «Burocrazia: una tassa occulta che soffoca le Pmi», comunicato stampa del 21 luglio 2012, sta in http://www.cgiamestre.com/2012/07/burocrazia-una-tassa-occulta-che-soffoca-le-pmi/

- Quasi un centinaio sono i modelli di dichiarazione per rappresentare al fisco le situazioni tributarie rilevanti;
- Il «Modello Unico Persone Fisiche 2018», necessario per dichiarare al fisco i redditi conseguiti di ciascun contribuente nel periodo d'imposta 2017, si compone di tre fascicoli, il primo di 14 pagine, il secondo di 8 pagine e il terzo di 20 pagine. Le istruzioni per la loro compilazione sono condensate in 300 fittissime pagine: 131 per il primo fascicolo, 55 per il secondo fascicolo e 114 per il terzo fascicolo;
- Per il pagamento delle diverse imposte e tasse sono stati istituiti oltre 1.200 codici tributo;
- Nel corso del 2017 sono state rese pubbliche dall'Agenzia delle Entrate 28 circolari, per un totale di 1.182 pagine, 161 risoluzioni per un totale di 823 pagine e 204 provvedimenti per un totale di 2.298 pagine;
- Nell'intervallo temporale 2009 – 2017 il numero dei ricorsi definiti avanti le Commissioni Tributarie Provinciali è pari a 2.158.299, avanti le Commissioni Tributarie Regionali 493.248 cui si aggiungono i 73.966 avanti la Corte di Cassazione; in media poco più di trecentomila decisioni l'anno.

Dall'indagine "Financial complexity index 2017"[14], predisposta dalla Società TMF Group e che ha riguardato 94 ordinamenti tributari in tutto il mondo, risulta che il sistema fiscale italiano è al terzo posto per complessità, dietro a Turchia e Brasile, al quarto posto compare la Grecia, all'ottavo posto il Belgio, la Francia all'undicesimo posto, la Spagna al diciottesimo, l'Austria al ventunesimo, il Lussemburgo al ventiquattresimo, il Portogallo al quarantesimo posto.

1.4.3 *Le caratteristiche dimensionali delle imprese*

L'evasione fiscale, inoltre, sarebbe correlata alle caratteristiche dimensionali della struttura produttiva del paese. In Italia il sistema produttivo è particolarmente frammentato e caratterizzato da una notevole incidenza dei lavoratori indipendenti sul totale dell'occupazione, si tratta del cosiddetto fenomeno denominato «l'esercito delle

---

14 TMF GROUP, "*Financial complexity index 2017*", sta in https://www.tmf-group.com/en/news-insights/publications/2017/financial-complexity-index-2017/

partite Iva». Nella piccola impresa l'attività amministrativa è tendenzialmente ridotta al minimo e i controlli interni sono ristrettissimi, per lo più esercitati dall'imprenditore stesso, caratteristiche queste che favorirebbero comportamenti di manipolazione delle grandezze economiche rilevanti ai fini tributari. L'elevato numero di soggetti da controllare da parte della pubblica amministrazione, inoltre, richiederebbe azioni di controllo molto più diffuse e capillari ma ciò comporta maggiori costi. La scarsa efficienza dell'Amministrazione finanziaria e l'elevato numero di piccole imprese, dunque, sono fenomeni che si rafforzano a vicenda. A livello macroeconomico, peraltro, si è altresì registrato che la maggiore facilità con cui una piccola impresa, scarsamente trasparente, può evadere il fisco diviene uno dei fattori che disincentiva la crescita dimensionale delle imprese e l'adozione di forme giuridiche che esigono una maggiore trasparenza nei confronti del mercato.

1.4.4 *L'elevata pressione fiscale*

Altra causa del deficit di lealtà fiscale sarebbe da ricercare nell'interazione del comportamento dei contribuenti e del legislatore fiscale il quale, nella consapevolezza della diffusione del fenomeno evasivo e costretto dalle necessità di bilancio, è indotto a fissare aliquote più elevate o a introdurre nuove forme di prelievo, comportamento che da parte del cittadino-contribuente è percepito come «espropriativo» e, quindi, per quanto possibile, da evitare. Ciò troverebbe un indice espressivo nell'indicatore denominato «pressione fiscale».[15] L'Ufficio studi della Confcommercio ha stimato per l'Italia, con riferimento all'anno 2012, una pressione fiscale effettiva pari al 55%:

> «Se consideriamo la pressione fiscale apparente del 2012 (cioè data dal rapporto tra gettito e Pil, così come queste grandezze vengono osservate e cioè ci appaiono) le nostre stime dicono 45,2% (non dissimile dalle valutazioni di altri centri di ricerca e da quelle dello stesso Governo contenuto nel DEF 2012). Ora, se da questo rapporto togliamo la parte di Pil che non paga imposte -

[15] La pressione fiscale è l'indice che prende in considerazione la somma di tutte le imposte e dei contributi previdenziali rapportandoli al Prodotto interno lordo (Pil). Si distingue dalla "pressione tributaria" che è il rapporto tra le sole imposte e il Pil. Entrambi gli indici sono indicatori medi e, quindi, può verificarsi che all'interno dell'area geografica presa a riferimento vi siano categorie di contribuenti che registrano livelli di prelievo superiori o inferiori a quello rilevato.

cioè assumiamo che sull'imponibile sommerso non venga pagata alcuna imposta - otteniamo la pressione fiscale effettiva o legale, cioè quella che mediamente è sopportata da un euro di prodotto legalmente e totalmente dichiarato in Italia: questo valore è pari al 55% [(cioè 45,2/(1-0,175)]. Questo valore non solo è il più elevato nella nostra storia economica recente ma costituisce un record mondiale assoluto».[16]

L'Ufficio Studi della CGIA – Associazione Artigiani e Piccole Imprese Mestre, partendo dai dati Istat del 2015 dai quali risulta che l'economia non osservata ammontava a 207,5 miliardi di euro, pari al 12,6% del Prodotto interno lordo, e ipotizzando che il sommerso economico - che, almeno in linea teorica non produce alcun gettito per l'erario - abbia mantenuto la stessa incidenza per gli anni successivi, ha calcolato che «la pressione fiscale "reale" che grava su lavoratori dipendenti, pensionati, autonomi e sulle imprese che pagano correttamente le tasse... è destinata ad attestarsi al 48,3% per l'anno 2018, in leggera diminuzione rispetto agli anni precedenti che registravano percentuali del 48,8% per il 2016 e del 48,5% per il 2017».[17]

Una pressione fiscale effettiva pari al 48,3% significa che, mediamente, circa la metà del reddito di ciascun contribuente confluisce nelle casse erariali. Rapportando tale indice percentuale ai giorni di calendario si ricava che il reddito guadagnato dai contribuenti nei primi 180 giorni di ciascun anno (cioè all'incirca fino al 30 giugno) è riversato allo Stato. Alcuni commentatori definiscono tale data come il «*tax freedom day*», cioè il giorno dell'«indipendenza fiscale», dell'affrancamento dalla «servitù fiscale».

1.4.5 *L'uso delle risorse pubbliche*

Il comportamento dei cittadini in tema di lealtà fiscale e contributiva, inoltre, presenta evidenti connessioni con l'allocazione delle risorse pubbliche, cioè è strettamente influenzato dalla destinazione e dai modi di gestione delle risorse finanziarie acquisite tramite l'imposizione. Le modalità con cui la spesa pubblica viene destinata è espressione della maggioranza politica di volta in volta al governo; se la destinazio-

---

16 CONFCOMMERCIO - UFFICIO STUDI, *Una nota sulle determinanti dell'economia sommersa*, op. cit., pag. 9.
17 UFFICIO STUDI CGIA, News del 28 luglio 2018, "*Seppur in calo, il peso effettivo delle tasse è al 48,3%*", sta in http://www.cgiamestre.com/wpcontent/uploads/2018/07/press-fisc-reale-1.pdf

ne e la gestione della spesa trova scarso consenso in ampie fasce della popolazione, si riduce il movente etico del pagamento delle imposte. In altre parole, quando l'ammontare dei costi della politica e degli apparati amministrativi raggiunge livelli percepiti come «scandalosi» sia in termini di valore assoluto, sia a fronte di servizi pubblici percepiti «scarsamente efficienti» per la collettività, il comportamento dei contribuenti è maggiormente sensibile all'evasione.

Non si può negare, infatti, che un'inefficiente gestione delle risorse pubbliche genera un diffuso stato di disagio e di crescente disaffezione nei confronti della cosa pubblica, disagio dietro al quale spesso il contribuente si trincera al fine di giustificare i propri comportamenti evasivi. Lo «sperpero» del denaro pubblico, in altre parole, è visto come indicatore dell'iniquità del contratto implicito che starebbe alla base dei rapporti tra Stato e cittadino. Alcuni ricercatori della Banca d'Italia, hanno sottoposto a verifica empirica l'ipotesi che la lealtà fiscale possa dipendere dal grado di efficienza con il quale si erogano beni e servizi pubblici ai cittadini:

> «I risultati indicano che a una minore efficienza della spesa pubblica è associata una minore lealtà fiscale dei cittadini. Questa correlazione è confermata anche tenendo conto, tra l'altro, di differenze nel capitale sociale tra comuni e di differenze non osservabili tra province, che potrebbero influenzare simultaneamente sia la lealtà fiscale sia l'efficienza della spesa. I risultati suggeriscono inoltre che la relazione tra l'efficienza della spesa e la lealtà fiscale è influenzata dal livello della spesa pubblica: il contribuente sarebbe disposto ad accettare un limitato grado di inefficienza se questa fosse compensata da una maggiore spesa. Infine, i cittadini risulterebbero più sensibili all'inefficienza delle amministrazioni caratterizzate da una maggiore quota di entrate locali sulle entrate complessive».[18]

Affinché la tassazione sia percepita come «giusta», inoltre, è essenziale che sia ripartita equamente tra la popolazione. In questo senso, la diffusa convinzione che altri evadano è già di per sé uno stimolo a ulteriore evasione. Non si può sottacere che il frequente ricorso dello Stato ai condoni fiscali è un fattore di aggravio del fenomeno evasivo poiché genera aspettative di impunità e corrode il consenso politico che sta

---

[18] GUGLIELMO BARONE – SAURO MOCETTI, *Tax morale and public spendig inefficiency (Lealtà fiscale e inefficienza della spesa pubblica)*, collana "Temi di discussione" del Servizio Studi della Banca d'Italia, n. 732, novembre 2009, Sommario non tecnico.

alla base della tassazione[19]. La *tax compliance*, cioè il livello di adesione spontanea dei contribuenti agli obblighi fiscali, può essere inoltre intaccata, come già evidenziato, da aliquote troppo alte, da modalità di esazione complicate, da adempimenti irragionevolmente costosi.

1.4.6 *Le norme sociali*

Le norme sociali che si affermano all'interno di una comunità rappresentano un altro fattore che influenza le decisioni riguardanti l'evasione: un ambiente sociale che abbia fatto proprie norme di onestà e di «buon comportamento» tenderà a sanzionare gli individui che non rispettano le norme stesse. Con un rischio di «sanzione sociale» sufficientemente forte e un costo dell'esclusione elevato, il comportamento del contribuente potrebbe essere corretto, in linea teorica, anche in assenza di controlli da parte dell'Amministrazione finanziaria.

1.4.7 *L'altruismo dei piccoli gruppi*

Nell'ambito della psicologia sociale è stata formulata l'ipotesi[20] secondo la quale l'evasione fiscale è influenzata dalla grandezza del gruppo sociale in cui il cittadino è inserito. Secondo tale ipotesi l'uomo è predisposto a vivere in piccolo gruppo formato da pochi individui imparentati tra loro. L'altruismo ivi presente era esclusivamente a favore dei membri del gruppo. Lo sviluppo della civiltà ha condotto l'uomo verso una dimensione sociale molto più allargata, ma l'altruismo non si è allargato al pari della società; l'uomo quindi continua a sentire obblighi di solidarietà solo nei confronti della ristretta cerchia del cosiddetto «gruppo di appartenenza»:

[19] In Italia, dal varo della riforma fiscale dei primi anni settanta, lo strumento del condono fiscale generale è stato adottato in media ogni dieci anni: nel 1973, nel 1982, nel 1991 e nel 2003. A ciò si registrano inoltre altri interventi "perdonistici" finalizzati alla chiusura delle liti fiscali pendenti, al rientro di capitali illecitamente portati all'estero, al cosiddetto «concordato fiscale di massa», a sanatoria delle sanzioni e delle irregolarità formali e/o contabili. Gli studiosi di diritto tributario osservano che non vi è periodo fiscale dall'avvio della riforma tributaria del 1973 ad oggi che non sia stato interessato da qualche forma di condono o sanatoria.

[20] GRAZIA ATTILI, «*Le basi biologiche dell'evasione fiscale*», Collana di Psicologia contemporanea, n. 150, Giunti Firenze, 1998.

«la tendenza innata a considerare come *in-group*, gruppo di appartenenza, la ristretta cerchia familiare, e a considerare *out-group*, e potenziali nemici, tutti gli altri, lavora contro la solidarietà sociale e favorisce l'evasione fiscale; è "l'etica di piccolo gruppo" che ci rende filogeneticamente predisposti ad essere altruisti, cooperativi e solidali con i membri del nostro gruppo familiare e del piccolo gruppo sociale con il quale abitualmente interagiamo».[21]

Per arginare il fenomeno dell'evasione fiscale, quindi, si dovrebbero porre in atto attività educative «volte allo sviluppo dell'empatia e della solidarietà sociale e alla promozione di un sentimento di appartenenza alla più vasta comunità nazionale e internazionale».[22]

1.4.8 *La propensione ad evadere*

Ma qual è l'opinione degli italiani a proposito del fenomeno dell'evasione fiscale? Qual è la loro propensione a evadere?

L'Ufficio Studi della Banca d'Italia, attraverso la metodologia dell'intervista riguardante un campione di 3.796 capofamiglia, ha curato un'indagine intesa a esaminare le opinioni e la propensione degli italiani rispetto all'evasione fiscale giungendo a conclusioni molto interessanti ai fini della nostra tematica. Dalle risposte emergerebbe che la propensione ad evadere risulterebbe:

- «mediamente più elevata per i lavoratori indipendenti (in particolare quelli autonomi) che per i dipendenti»;
- tra i lavoratori dipendenti la propensione registra «valori maggiori per gli operai e più bassi per dirigenti e direttivi»;
- «via via meno favorevole al crescere del livello di istruzione»;
- in rapporto all'età, «i giovani sono la classe che risulta più favorevole all'evasione fiscale»;
- in rapporto alle aree geografiche, risulterebbe «superiore nelle province caratterizzate da più elevati livelli di disoccupazione» e in quelle zone dove si riscontra «una maggiore diffusione della criminalità e nelle aree in cui il rispetto delle regole è più

[21] RICCARDO LANCELLOTTI, *Le radici psicobiologiche del diritto*, sta in http://www.psicologiagiuridica.com/pub/docs/annoXIIIn_1/LERADICIPSICOBIOLOGICHEDELDIRITTO_4.pdf, pag. 10
[22] *Idem*, pag. 11

basso, anche gli illeciti di natura fiscale tendono ad essere maggiormente giustificati»;

- «più bassa» in rapporto alla qualità e all'efficienza della pubblica Amministrazione. «La percezione di un cattivo funzionamento della pubblica Amministrazione è dunque correlata con un atteggiamento dei contribuenti meno orientato al rispetto delle regole fiscali».

Per quel che riguarda l'ambiente familiare e sociale, l'indagine ha potuto constatare che:

> «Le famiglie con un atteggiamento di favore nei confronti dell'evasione fiscale sono diffuse in tutte le classi considerate, compresi i lavoratori dipendenti (in particolare gli operai), suggerendo che i meccanismi di riprovazione sociale abbiano uno scarso ruolo nell'ostacolare il fenomeno dell'evasione fiscale. Il comportamento dei singoli contribuenti, inoltre, appare significativamente influenzato da quello degli altri membri della collettività; la propensione a evadere risulta influenzata sia dal comportamento delle famiglie residenti nella stessa località dell'intervistato, sia da quello delle famiglie della provincia di origine; questo risultato da un lato conferma l'importanza del contesto culturale e ambientale nella formazione dei valori, dall'altro è indice di persistenza dei medesimi valori nel tempo».[23]

1.4.9 *Lo scontro tra le concezioni «liberista» e «egualitaria» del tributo*

Analizzando un po' più in profondità il fenomeno della scarsa lealtà fiscale s'intravvede sullo sfondo la contrapposizione tra due concezioni circa le finalità del tributo e del sistema tributario in generale, e cioè tra una visione che potremo definire «liberista classica», «incline a privilegiare i diritti proprietari a fronte dell'interesse pubblico al prelievo e a svalutare l'intervento statale», e un filone «egualitario e welfaristico» «repulsivo del modello dello "Stato minimo" e rivalutativo delle regole fiscali distributive (e redistributive) rispetto ai diritti proprietari medesimi».[24]

Secondo l'orientamento liberista classico, dominante tra la fine del XIX secolo e i primi decenni del XX secolo, non sono ammesse incisive intrusioni dello Stato nella

---

23 LUIGI CANNARI – GIOVANNI D'ALESSIO, *Le opinioni degli italiani sull'evasione fiscale*, collana "Temi di discussione" del Servizio Studi della Banca d'Italia, n. 618, febbraio 2007, pagg. 25-26

24 FRANCO GALLO, *Proprietà e imposizione fiscale*, intervento al convegno "*Il diritto di proprietà nella giurisprudenza costituzionale. Incontro trilaterale delle Corti costituzionali italiana, spagnola e portoghese*", Lisbona 8-10 ottobre 2009, pag. 1, sta in www.cortecostituzionale.it/documenti/ convegni_seminari. Si veda anche FRANCO GALLO, *Le ragioni del fisco. Etica e giustizia nella tassazione*, Il Mulino, Bologna, 2007.

società; la persona era identificata con i diritti proprietari e il patrimonio dell'individuo aveva una propria naturale legittimazione morale. Da ciò discende che ogni prestazione imposta che non fosse ispirata al criterio del «beneficio» era considerata ingiusta. In altre parole, il tributo era visto in un'ottica contrattualistica, cioè il corrispettivo di un servizio pubblico divisibile: «lo Stato si limita a garantire il funzionamento del libero mercato concorrenziale, ed appare quindi giusto che ciascun contribuente paghi in proporzione al guadagno che ritrae dalla sua partecipazione al mercato e quindi in proporzione al reddito».[25] In questa concezione, quindi, il tributo non può che essere proporzionale al reddito, non progressivo e si esclude del tutto la funzione redistributiva mediante il sistema fiscale.

L'orientamento egualitario e welfaristico, dagli inizi del novecento e con maggiore forza e incisività dal secondo dopoguerra, s'impone con il modello dello Stato sociale «meno neutrale e più articolato, con funzioni di garanzia dei diritti positivi i libertà facendo emergere il suo ruolo distributore dei carichi pubblici (anche) a mezzo della tassazione».[26]

Con l'avvento dello «Stato sociale» cambia profondamente la composizione della spesa pubblica, perdono progressivamente rilevanza le spese per la difesa mentre aumentano notevolmente quelle per previdenza, assistenza, sanità, istruzione: «Cresce correlativamente il prelievo tributario. La progressività assurge di fatto a paradigma di etica tributaria e a elemento distintivo di civiltà politica».[27] In quest'epoca crescono servizi uniformi di massa finanziati da un prelievo tributario improntato sulla progressività attuando, così, una profonda ridistribuzione dei redditi che è risultata accettabile dalla minoranza dei cittadini chiamata a pagare molto di più di quanto ricevesse «perché la generale crescita economica in una società capitalistica senza grossi traumi interni assicurava a detta minoranza guadagni netti crescenti nel tempo, a di-

---

[25] GILBERTO MURARO, *Alla ricerca dell'equità tributaria: dalle Scritture ai problemi attuali*, in Rivista di diritto finanziario e scienza delle finanze, LVII, 3, I, 1998, pagg. 361-362

[26] FRANCO GALLO, «*Proprietà e imposizione fiscale*», op. cit., pag. 3.

[27] GILBERTO MURARO, *Alla ricerca dell'equità tributaria: dalle Scritture ai problemi attuali*, op. cit., pag. 365.

spetto del gravame fiscale».[28] L'imposta progressiva, peraltro, assicurava costante aumento delle risorse derivanti dal prelievo per effetto della «inflazione strisciante che caratterizzò il primo trentennio di questo dopoguerra: l'aumento del livello generale dei prezzi e dei salari gonfiava i redditi nominali e faceva quindi crescere il prelievo anche a reddito reale inalterato, così accompagnando la crescita della spesa pubblica senza bisogno di ricorrere a modifiche tributarie esplicite».[29]

Il modello politico ed economico dello Stato sociale, però, entra in crisi sul finire del secolo scorso a causa di problemi di governabilità interni, l'avverarsi di crisi energetiche e l'alternarsi ciclico dell'economia tra acuti periodi di recessione e brevi periodi di crescita e sviluppo. Vengono quindi «riproposti con grande forza in Italia – a livello sia scientifico che di polemica politica – contrari orientamenti liberisti, di ceppo soprattutto nordamericano, i quali hanno trovato un favorevole *humus* nella generale riprovazione delle politiche assistenziali eccessivamente dispendiose degli anni settanta e ottanta e nella forte richiesta di minore pressione fiscale, di più mercato e di superamento della crisi fiscale dello Stato attraverso la forte riduzione delle spese sociali».[30]

In ambito economico prende corpo il timore che le alte aliquote marginali dell'imposta progressiva scoraggino l'accumulazione capitalistica. In ambito sociale cresce l'ostilità verso il sistema assistenziale, che sembra privilegiare le artificiose invalidità anziché tutelare realmente i più bisognosi, verso le spese socio-sanitarie, poiché legate a stili di vita improvvidi anziché nei confronti dei veri malati, verso pensioni troppo generose raggiunte a età troppo basse, verso i costi, gli abusi, l'inefficienza, la corruzione di larghe parti dell'apparato politico-burocratico che gestisce lo Stato sociale:

> «Usando le categorie analitiche della teoria delle scelte collettive, tutto ciò fa capire come un bel giorno l'elettore mediano, quello che fa da ago della bilancia nei risultati elettorali e che fino al giorno prima aveva votato per l'espansione dello Stato del benessere, si accorga che il beneficio

---

28 *Idem*, pag. 366.
29 *Idem*, pagg. 366-367.
30 FRANCO GALLO, *Proprietà e imposizione fiscale*, op. cit., pag. 3.

marginale della spesa pubblica è diventato inferiore al sacrificio marginale dell'imposta e voti per i partiti e leader che promettono riduzione di spese sociali e di pressione fiscale».[31]

A tutto ciò si aggiunge il fenomeno della globalizzazione la quale, almeno in parte, scardina il principio di democrazia economica secondo il quale il cittadino paga i tributi che i rappresentanti popolari, che egli contribuisce a scegliere, imporranno per la spesa di cui anche lui si avvantaggerà. Infatti, con la globalizzazione:

> «Il cittadino continua a votare nel Paese di appartenenza e a godere in tale Paese dei benefici della spesa pubblica; ma può in numerosi casi - come investitore finanziario o come imprenditore e talora perfino come lavoratore - scegliere il Paese dove pagare almeno una parte dei tributi, attraverso un'opportuna localizzazione degli investimenti finanziari o delle attività produttive o della propria sede di lavoro».[32]

Il contribuente che può, quindi, è tentato di pagare le imposte nello Stato meno esoso impoverendo quello di appartenenza.

All'interno di questo scenario politico ed economico, il sistema tributario tende a diventare strutturalmente regressivo, cioè la progressività è solo nominale. In questo contesto diminuisce fortemente il senso di lealtà fiscale verso lo Stato e l'evasione fiscale trova ampio margine di giustificazione poiché viene intesa meccanismo di difesa del proprio reddito rispetto alle pretese percepite «espropriative» da parte dello Stato.

1.5 UNA PRIMA CONCLUSIONE

Al termine di quest'ampia carrellata sui moventi della slealtà fiscale è possibile evidenziare che alla base del fenomeno dell'evasione fiscale vi sono principalmente motivazioni di ordine opportunistico, influenze del contesto sociale, caratteristiche strutturali e dimensionali delle aziende, oltre che questioni legate alla dotazione di capitale sociale del Paese, cioè del livello di efficienza e di efficacia con cui vengono amministrate e gestite le risorse finanziarie richieste ai cittadini mediante il sistema tributario, nonché concezioni politiche di tipo neo-liberista che vedono nel tributo un fattore di alterazione dell'equilibrio economico del cittadino.

---

[31] GILBERTO MURARO, «*Alla ricerca dell'equità tributaria: dalle Scritture ai problemi attuali*», op. cit., pag. 367.

[32] *Idem*, pag. 370

Il fenomeno dell'evasione fiscale è molto rilevante sia sotto l'aspetto quantitativo, sia perché attraversa trasversalmente, seppur con intensità diverse, tutti i settori della società.

«Il diavolo entra dalle tasche» ama ripetere Papa Francesco. Alla radice più profonda dei fenomeni dell'evasione e dell'elusione fiscale sta l'avarizia: «Il denaro è importante, soprattutto quando non c'è e da esso dipende il cibo, la scuola, il futuro dei figli. Ma diventa idolo quando diventa il fine. L'avarizia, che non a caso è un vizio capitale, è peccato di idolatria perché l'accumulo di denaro per sé diventa il fine del proprio agire».[33]

Nell'esortazione apostolica "Evangelii gaudium" Papa Francesco non esita a definire «egoista» l'evasione fiscale che, insieme a una «corruzione ramificata», concorrono all'odierna «profonda crisi antropologica: la negazione del primato dell'essere umano! Abbiamo creato nuovi idoli. L'adorazione dell'antico vitello d'oro (cfr. Es 32,1-35) ha trovato una nuova e spietata versione nel feticismo del denaro e nella dittatura di un'economia senza volto e senza uno scopo veramente umano».[34]

È un fenomeno, dunque, che interpella tutti e rispetto al quale sono necessarie concrete risposte, non solo in termini di efficaci azioni di recupero ma, in primo luogo, di ordine politico, cioè risposte che ristabiliscano un ponte di comunicazione tra società civile e istituzioni, tra cittadini e rappresentanti politici.

Sono altresì necessarie risposte di ordine etico, cioè riscontri che consentano di ristabilire una corretta dinamica comunicativa tra il significato di appartenenza a una comunità, il dovere di contribuire, anche mediante la creazione condivisa di un fondo sociale comune; il diritto-dovere di partecipazione attiva nell'individuazione dei fini e dei modi d'uso delle risorse, cioè del ben-essere comune conseguibile.

---

[33] PAPA FRANCESCO, *Discorso ai partecipanti all'incontro "Economia di Comunione"*, promosso dal Movimento dei Focolari, 4 febbraio 2017

[34] PAPA FRANCESCO, *Esortazione apostolica Evangelii gaudium*, par. n. 55

Capitolo secondo
La tradizione cristiana di fronte alla questione delle tasse

2.1 INDICAZIONI PRESENTI NEI TESTI BIBLICI, IN PARTICOLARE NEL NUOVO TESTAMENTO

È utile, a questo punto, riassaporare alcune pagine del Vangelo dalle quali trarre indicazioni concrete a proposito del tema della lealtà fiscale e, più in generale, con riguardo al tema della giustizia fiscale. Si tratta, in altre parole, di verificare se nel Nuovo Testamento si trovino fonti d'ispirazione con riguardo al tema della lealtà fiscale, pur essendo consci delle differenze che intercorrono tra la società odierna e quella dell'epoca e, quindi, anche delle inevitabili diversità nelle concezioni di tributo, nelle modalità di determinazione, di applicazione e di riscossione. Il riferimento alla Rivelazione, almeno per noi cristiani, non può essere eluso: la Parola di Dio è la fonte prima e decisiva che permette un discernimento teologico - morale del tema in esame.

È costante nel magistero sociale della Chiesa il richiamo alla fonte evangelica:

> «La luce del Vangelo, che la dottrina sociale riverbera sulla società, illumina tutti gli uomini, ed ogni coscienza e intelligenza sono in grado di cogliere la profondità umana dei significati e dei valori da essa espressi e la carica di umanità e di umanizzazione delle sue norme d'azione. Sicché tutti, in nome dell'uomo, della sua dignità una e unica e della sua tutela e promozione nella società, tutti, in nome dell'unico Dio, Creatore e fine ultimo dell'uomo, sono destinatari della dottrina sociale della Chiesa».[35]

2.1.1 *Giovanni Battista e gli esattori delle tasse*

Il Nuovo Testamento si apre con la predicazione di Giovanni il Battista, egli è colui che prepara la via del Messia affinché gli uomini del suo tempo possano incontrarlo e conoscerlo. Ebbene, nel Vangelo secondo Luca nel racconto riguardante la predicazione del Battista s'incontra un primo riferimento alla questione fiscale:

---

35 PONTIFICIO CONSIGLIO DELLA GIUSTIZIA E DELLA PACE, *Compendio della dottrina sociale della Chiesa*, par. n. 84.

«[10]Le folle lo interrogavano: "Che cosa dobbiamo fare?". [11]Rispondeva loro: "Chi ha due tuniche ne dia a chi non ne ha, e chi ha da mangiare faccia altrettanto". [12]Vennero anche dei pubblicani a farsi battezzare e gli chiesero: "Maestro, che cosa dobbiamo fare?". [13]Ed egli disse loro: "Non esigete nulla di più di quanto vi è stato fissato". [14]Lo interrogavano anche alcuni soldati: "E noi, che cosa dobbiamo fare?". Rispose loro: "Non maltrattate e non estorcete niente a nessuno; accontentatevi delle vostre paghe"» (Lc 3,10-14).

«Che cosa dobbiamo fare?»: è una domanda quanto mai attuale e che esprime la fatica di individuare atteggiamenti e comportamenti concreti attivabili nella vita di ogni giorno per non essere «albero che non dà buon frutto che viene tagliato e gettato nel fuoco» (Lc 3,9). Il Battista risponde indicando la prima azione di un mondo nuovo: condividere, donare. È la legge della vita nuova, per essere alberi che danno buoni frutti: per stare bene l'uomo deve dare, donare, condividere con gli altri.

Vengono pubblicani e soldati, considerati peccatori, irrecuperabili alla vita di fede, perché visti come i pilastri del potere di occupazione romano, malvisti per via della loro collaborazione con gli occupanti, in special modo i pubblicani che accentravano nelle loro mani l'esazione delle imposte e che nell'esercizio del loro mestiere praticavano rilevanti maggiorazioni. Il sistema esattoriale romano, infatti, era molto diverso da quello che noi oggi conosciamo. Non possedendo gli strumenti tecnici per attuare un'organizzazione complessa quale quella che informa e governa i sistemi tributari contemporanei, l'Impero romano si serviva del metodo degli appalti: impresari, singoli o riuniti in consorzio, versavano all'erario le somme prestabilite dall'erario imperiale e si rifacevano riscuotendo direttamente i tributi presso i cittadini e le popolazioni dell'impero. Ciò comportava un margine più o meno ampio di discrezionalità e apriva l'adito a eventuali abusi. La possibilità di estorsioni, il fatto che gli addetti all'esazione dei tributi finivano per entrare nell'ingranaggio dell'amministrazione romana e la circostanza che il versamento delle tasse è operazione a tutti invisa, rendeva i pubblicani (gli esattori pubblici) particolarmente odiosi e disprezzati. In definitiva, il pagamento dell'imposta significava riconoscere un'autorità straniera e pagana sopra Israele.

Anche dai pubblicani la stessa domanda: «noi cosa dobbiamo fare?».

Giovanni ripete lo stesso messaggio, ma al negativo: «non prendete a nessuno, non estorcete nulla, non accumulate. Tre risposte per un programma unico: tessere il mondo della fraternità, costruire una terra da cui salga giustizia, rifare alleanza tra uomo e uomo»[36]. Non conta il mestiere che si esercita, non è importante la professione, ma la qualità dell'agire, cioè con quanta giustizia, impegno, umanità, con quanta passione e autenticità viene svolto il proprio compito. Tant'è che Giovanni non impone loro di rinunciare al loro mestiere. Là dove ogni uomo è chiamato a vivere, nell'umile quotidiano, nella ferialità, lì occorre essere uomo di giustizia e di condivisione.

Il messaggio contenuto nel passo evangelico lucano è valido anche per noi oggi e per il tema che stiamo esaminando: è «un invito all'amore (condivisione con i fratelli nel bisogno), alla giustizia (non esigere nulla più del dovuto), alla non violenza (evitare ogni forma di estorsione e di taglieggiamento anche da parte dei soldati). Appare comunque fuori discussione la convinzione che le imposte dovessero essere pagate nella misura di ciò che è stato stabilito».[37]

2.1.2 *Dare a Cesare ciò che è di Cesare*

Anche nella predicazione di Gesù si rinviene la tematica del dovere di lealtà fiscale e ciò si rivela già in occasione della famosa domanda relativa al tributo a Cesare formulata dai farisei e dagli erodiani. L'episodio è riportato in tutti e tre i vangeli sinottici, per comodità di lettura riportiamo la narrazione contenuta nel vangelo di Matteo:

> «[15]Allora i farisei se ne andarono e tennero consiglio per vedere come coglierlo in fallo nei suoi discorsi. [16]Mandarono dunque da lui i propri discepoli, con gli erodiani, a dirgli: "Maestro, sappiamo che sei veritiero e insegni la via di Dio secondo verità. Tu non hai soggezione di alcuno, perché non guardi in faccia a nessuno. [17]Dunque, di' a noi il tuo parere: è lecito, o no, pagare il tributo a Cesare?". [18]Ma Gesù, conoscendo la loro malizia, rispose: "Ipocriti, perché volete mettermi alla prova? [19]Mostratemi la moneta del tributo". Ed essi gli presentarono un denaro. [20]Egli domandò loro: "Questa immagine e l'iscrizione, di chi sono?". [21]Gli risposero: "Di Cesare". Allora disse loro: "Rendete dunque a Cesare quello che è di Cesare e a Dio quello che è di Dio".

---

36 ERMES RONCHI, *Respirare Cristo – Commento ai vangeli festivi – Anno C*, Edizioni San Paolo, 2006, pag. 13.

37 GIOVANNI CERETTI, *Pagare le tasse. Solidarietà e condivisione*, Cittadella Editrice Assisi, 2010, pag. 53

[22]A queste parole rimasero meravigliati, lo lasciarono e se ne andarono» (Mt 22,15-22; par Mc 12,13-17; Lc 20,20-26).

Alla domanda, evidentemente astuta e maliziosa, di chi vuole metterlo o contro Roma o contro la sua gente, Gesù risponde con un cambio di prospettiva che allarga gli orizzonti della questione. Dapprima muta il verbo «pagare» («è lecito, o no, pagare il tributo?») in «restituire»: quello che è di Cesare "rendetelo" a Cesare. Contestualmente introduce l'orizzonte di Dio. Innanzitutto Gesù parla di un dare e di un avere: voi usate questa moneta, cioè utilizzate le infrastrutture e i servizi dello stato romano che garantisce strade, giustizia, sicurezza, mercati; avete ricevuto e utilizzato, ora restituite, rendete a chi ha realizzato quanto avete utilizzato. È un dovere di tutti, quindi, pagare i tributi a fronte di servizi e infrastrutture che sono messi a disposizione della collettività.

Gesù, pur non entrando nello specifico delle controversie politiche sottese alla capziosità della domanda, riconosce che tutti gli uomini, poiché organizzati in società, devono farsi carico delle strutture di cui si è dotata la società stessa, contribuendo secondo giustizia all'ordinamento della civica convivenza: «Implicitamente, vi è anche il riconoscere quanto gli stessi ebrei avevano potuto beneficiare della situazione in cui si trovavano a vivere, o per lo meno vi è un invito ad accettare lo stato presente delle cose, per evitare l'anarchia».[38]

Tradotto per i cittadini del nostro tempo: pagare le tasse è un dovere, significa contribuire al mantenimento delle strutture e dei servizi di cui tutti usufruiamo. Richiamando però l'autorità di Dio, Gesù da un lato la distingue da quella terrena e, dall'altro lato, stabilisce una gerarchia d'importanza tra le due. Ovviamente per Lui, come dev'essere per i suoi discepoli, la più importante è quella di Dio, sicché sin quando le due sono compatibili, vanno rispettate entrambe, ma nell'ipotesi d'incompatibilità i cristiani non hanno dubbi su quale far prevalere. Gesù insegna che, sebbene vadano rispettati gli ordinamenti civili e amministrativi per la gestione della vita sociale, tra cui si annovera il rispetto delle obbligazioni tributarie, il creden-

[38] GIOVANNI CERETTI, *Pagare le tasse. Solidarietà e condivisione*, op. cit., pag. 55

te riconosce che ha un solo Signore e Dio, al quale va tutta la sua adorazione e affida tutta la sua vita.

Il discepolo, quindi, è un cittadino esemplare: vive con gli altri, condivide i loro progetti e le loro fatiche, paga le tasse, rispetta le leggi degli uomini. Eppure il suo cuore è diverso, è altrove, vede le cose a un altro livello, con una prospettiva diversa e alta. Esistono cose che riguardano Cesare, cioè lo Stato, in cui non bisogna tirare in ballo Dio, anche se Gesù, davanti a Pilato, il procuratore romano che lo condannerà, gli ricorderà che ogni potere umano deriva da Dio per il servizio del bene comune.

Pagare lealmente le tasse per un cristiano, ma anche per ogni persona onesta, è un dovere di giustizia e, dunque, un obbligo di coscienza. Garantendo l'ordine, la giustizia, lo svolgersi delle attività economiche, l'istruzione, la sanità, i trasporti pubblici, la previdenza e tutta una serie di altri servizi, lo Stato dà al cittadino qualcosa per il quale è giusto versare una contropartita, proprio per poter, da un lato, garantire l'esistenza e la continuità di questi stessi servizi e, dall'altro lato, evitare l'anarchia.

In estrema sintesi si può affermare che l'insegnamento fondamentale di Gesù è «restituisci, perché sei in debito». Ciascuno di noi riceve infinitamente di più rispetto a quanto può singolarmente dare, «Dare a Cesare» è restituire, almeno in parte, quanto ricevuto.

2.1.3 *Il tributo al Tempio*

Un altro passo evangelico cui si può far riferimento ai fini della nostra indagine è l'episodio accaduto a Cafarnao, riportato nel solo vangelo di Matteo, quando l'esattore della tassa al Tempio, rivolgendosi a Pietro, chiede quali siano le intenzioni di Gesù.

> «[24]Quando furono giunti a Cafarnao, quelli che riscuotevano la tassa per il tempio si avvicinarono a Pietro e gli dissero: "Il vostro maestro non paga la tassa?". [25]Rispose: "Sì". Mentre entrava in casa, Gesù lo prevenne dicendo: "Che cosa ti pare, Simone? I re della terra da chi riscuotono le tasse e i tributi? Dai propri figli o dagli estranei?". [26]Rispose: "Dagli estranei". E Gesù replicò: "Quindi i figli sono liberi. [27]Ma, per evitare di scandalizzarli, va' al mare, getta l'amo e prendi il primo pesce che viene su, aprigli la bocca e vi troverai una moneta d'argento. Prendila e consegnala loro per me e per te"» (Mt 17,24-27).

Secondo l'interpretazione più accreditata la tassa al Tempio è il tributo istituito da Neemia (V secolo a.C.): i giudei al rientro dall'esilio in Babilonia, s'impegnarono solennemente, nel corso dell'assemblea svoltasi a conclusione di un periodo penitenziale, a pagare una "tassa" per il Tempio al fine garantirne il funzionamento, curare la manutenzione dell'edificio e assicurare il regolare servizio sacerdotale (Ne 10,33-40). È un tributo a carattere religioso, ma che in un regime teocratico può essere considerato di carattere civico.

Gesù non si presenta come un anarchico, non si rifiuta di osservare le prescrizioni sociali e religiose del suo tempo: le riporta però a verità, le riconduce al loro significato originario, toglie loro la veste dell'abitudine, le rinnova. A Gesù viene chiesta la tassa sul tempio, un contributo che ogni ebreo doveva versare per far fronte alle cospicue spese del rinato tempio di Gerusalemme.

Gesù fa notare ai suoi discepoli, con un pizzico d'ironia, che se il tempio è dedicato a Dio, al Re, anche il figlio di Dio è padrone del tempio e potrebbe perciò non pagare la tassa, manifestando, ancora una volta, la consapevolezza della sua identità. Ma Gesù, il Figlio di Dio, non solo paga le tasse, ma dispone che siano versate anche per i suoi discepoli. Il Figlio di Dio non accetta privilegi e si conforma ai dettami giuridici del tempo. Quella moneta a pagamento della tassa diventa il segno del dovere e del diritto di partecipazione e di condivisione.

Per il nostro tema «il passo indica la legittimità della riscossione e del pagamento delle imposte, al quale si sottomette lo stesso Gesù con i suoi discepoli»[39]. La motivazione che viene esplicitamente adottata è quella di evitare lo scandalo (la TOB traduce: «per non causare la caduta di quella gente»), quasi a dire che l'evasione fiscale è comunque pietra d'inciampo per la comunità in cui si è inseriti. Gesù, con il proprio esempio e con l'ordine dato a Pietro, insegna che ciascuno di noi dev'essere sempre disponibile a contribuire, in giusta proporzione, al mantenimento delle istituzioni, siano esse religiose o civili.

---

39 GIOVANNI CERETTI, *Pagare le tasse. Solidarietà e condivisione*, op. cit., pag. 56

2.1.4 *La conversione di Zaccheo*

Nel vangelo di Luca si racconta di un altro fatto che ha come protagonista un pubblicano, si tratta del famoso episodio della conversione di Zaccheo:

> «[1]Entrò nella città di Gerico e la stava attraversando, [2]quand'ecco un uomo, di nome Zaccheo,
> capo dei pubblicani e ricco, [3]cercava di vedere chi era Gesù, ma non gli riusciva a causa della
> folla, perché era piccolo di statura. [4]Allora corse avanti e, per riuscire a vederlo, salì su un sico-
> moro, perché doveva passare di là. [5]Quando giunse sul luogo, Gesù alzò lo sguardo e gli disse:
> "Zaccheo, scendi subito, perché oggi devo fermarmi a casa tua". [6]Scese in fretta e lo accolse pie-
> no di gioia. [7]Vedendo ciò, tutti mormoravano: "È entrato in casa di un peccatore!". [8]Ma Zac-
> cheo, alzatosi, disse al Signore: "Ecco, Signore, io do la metà di ciò che possiedo ai poveri e, se
> ho rubato a qualcuno, restituisco quattro volte tanto". [9]Gesù gli rispose: "Oggi per questa casa è
> venuta la salvezza, perché anch'egli è figlio di Abramo. [10]Il Figlio dell'uomo infatti è venuto a
> cercare e a salvare ciò che era perduto"» (Lc 19,1-10).

Il racconto, che non ha corrispondenti negli altri vangeli, illustra molto bene il tema della conversione particolarmente caro all'evangelista Luca. Ai fini che ci occupano, l'episodio è significativo poiché riguarda la conversione del «capo dei pubblicani» di Gerico, cioè di colui che aveva la responsabilità della gestione dell'intera struttura esattoriale della città e, probabilmente, del territorio circostante. Il "ricco" Zaccheo, perciò, era l'autore della ripartizione in capo a ciascun israelita dell'ammontare delle imposte che egli aveva anticipato all'erario romano. Ma non solo, Zaccheo, poiché "capo dei pubblicani", è di certo la figura di vertice dell'attività esattoriale e, quindi decisore dell'ammontare del "sovrappiù" da applicarsi all'importo del tributo a "remunerazione" del servizio svolto, cioè della maggiorazione che in definitiva andava a tutto vantaggio dell'esattore.

All'incontro con Gesù la conversione di Zaccheo è immediata e radicale: si impegna a devolvere la metà delle sue ricchezze ai poveri e restituire il quadruplo dei beni frodati. Zaccheo va ben oltre la Legge la quale prevedeva in segno di pentimento (vd. Lv 5,20-24) la restituzione del maltolto maggiorato di un quinto. L'impegno di Zaccheo è fortemente lodato da Gesù: «Oggi per questa casa è venuta la salvezza, perché anch'egli è figlio di Abramo». Zaccheo, cioè, è un degno figlio del Padre dei credenti per la sua generosità.

Nessun cenno né da parte di Zaccheo, né da parte di Gesù circa la necessità di cambiare la professione di esattore delle imposte, professione evidentemente riconosciuta legittima, almeno nella misura in cui è esercitata con giustizia, cioè non veniva riscosso «nulla di più di quanto vi è stato fissato». (Lc 3,13)

2.1.5 *L'obolo della vedova*

«[41]Seduto di fronte al tesoro, osservava come la folla vi gettava monete. Tanti ricchi ne gettavano molte. [42]Ma, venuta una vedova povera, vi gettò due monetine, che fanno un soldo. [43]Allora, chiamati a sé i suoi discepoli, disse loro: "In verità io vi dico: questa vedova, così povera, ha gettato nel tesoro più di tutti gli altri. [44]Tutti infatti hanno gettato parte del loro superfluo. Lei invece, nella sua miseria, vi ha gettato tutto quello che aveva, tutto quanto aveva per vivere"» (Mc 12,41-44; par Lc 21,1-4)

A prima vista l'episodio evangelico non sembrerebbe attinente con il tema che stiamo affrontando; in realtà, letto in filigrana, può essere assunto come paradigma del principio della capacità contributiva, principio tributario che informa pressoché tutti gli ordinamenti tributari delle nazioni maggiormente industrializzate.

L'obolo della vedova, attinto dal necessario, valeva molto di più delle copiose offerte fatte dai ricchi, offerte che erano attinte dal superfluo. L'invito di Gesù a guardare con occhi diversi l'offerta della vedova è anche un'indicazione a non ragionare in termini di prelievo quantitativo, oggettivo - imposizione tipica dell'imposta proporzionale la quale prevede che il tributo sia pari a una percentuale fissa del reddito o del valore economico del fatto assunto a base imponibile - poiché tale tipologia di tassazione è marcatamente regressiva. Gesù si pone da un punto di vista soggettivo, capovolgendo quello che è il dato oggettivo, sottolineando la differenza qualitativa tra superfluo e necessario; la "povera vedova", fa notare Gesù, ha contribuito molto di più dei ricchi mercanti poiché ha dato tutto, anziché una minima parte del superfluo.

Dall'indicazione di Gesù discende il principio che uguaglianza, anche in termini tributari, significa "uguaglianza di sacrificio", cioè che tutti i cittadini-contribuenti devono sopportare in termini soggettivi lo stesso "peso" dell'imposta.

2.1.6 *L'insegnamento di San Paolo*

I pubblicani, cioè gli esattori delle tasse, non sono invitati a cambiare professione ma a esercitarla con criteri di giustizia. San Paolo giunge ad affermare che coloro che esercitano tale professione "sono a servizio di Dio", funzionari di Dio. L'affermazione è contenuta nel capitolo 13 della Lettera ai Romani, «passo che ha esercitato un'enorme influenza per determinare quello che deve essere l'atteggiamento dei cittadini nei confronti delle autorità costituite, e questo sino a tempi recenti»[40].

> «1 Ciascuno sia sottomesso alle autorità costituite. Infatti non c'è autorità se non da Dio: quelle che esistono sono stabilite da Dio. 2Quindi chi si oppone all'autorità, si oppone all'ordine stabilito da Dio. E quelli che si oppongono attireranno su di sé la condanna. 3I governanti infatti non sono da temere quando si fa il bene, ma quando si fa il male. Vuoi non aver paura dell'autorità? Fà il bene e ne avrai lode, 4poiché essa è al servizio di Dio per il tuo bene. Ma se fai il male, allora devi temere, perché non invano essa porta la spada; è infatti al servizio di Dio per la giusta condanna di chi fa il male. 5Perciò è necessario stare sottomessi, non solo per timore della punizione, ma anche per ragioni di coscienza. 6Per questo infatti voi pagate anche le tasse: quelli che svolgono questo compito sono a servizio di Dio. 7Rendete a ciascuno ciò che gli è dovuto: a chi si devono le tasse, date le tasse; a chi l'imposta, l'imposta; a chi il timore, il timore; a chi il rispetto, il rispetto». (Rm 13,1-7)

Per autorità San Paolo intende gli uomini o le istituzioni che esercitano il potere, cioè il diritto di individuare qualcosa da fare, realizzarla anche imponendo ad altri di concorrere alla sua concretizzazione. Nel pensiero paolino l'autorità è il garante dell'ordine al servizio di Dio per il bene pubblico, cioè esercita nella vita degli uomini un ruolo eminentemente positivo per incitarli al bene e per manifestare la disapprovazione verso il male e verso i malfattori. Si potrebbe dire che l'autorità civile è «diacono di Dio» in vista del bene: per questo il cristiano è sottomesso all'autorità. Le affermazioni dell'apostolo, tuttavia, non conferiscono un potere assoluto di diritto divino a chi esercita l'autorità. L'autorità, invero, è sottomessa a un criterio di giudizio che le è esterno: il «bene», cioè la «volontà di Dio». Il bene, dunque, non può essere arbitrariamente definito per autorità. Non sussiste, quindi, un giudizio sociopolitico dell'autorità, bensì un'obbedienza che deriva da un ragionamento teologico.

---

40 GIOVANNI CERETTI, *Pagare le tasse. Solidarietà e condivisione*, op. cit., pag. 59

Per il cristiano la sottomissione alle autorità, il rispetto dell'ordine civile e sociale, da non confondersi con la cieca sottomissione, si fonda sull'esigenza di coscienza:

> «Paolo introduce una ragione di coscienza: la società civile può continuare a svolgere ordinatamente la propria missione se i cittadini si sentono di seguire per convinzione interiore e quindi in coscienza le leggi. Ed è sempre in coscienza che si è tenuti a contribuire alle spese dello stato: Paolo, scrivendo a una comunità cristiana che vive nella città che è al cuore dell'impero e in cui ha sede l'autorità imperiale, sembra dare assolutamente per scontato che i cristiani di Roma dovessero pagare le tasse»[41]

Da questa pagina paolina emerge il ritratto del credente in Cristo come «buon cittadino» che «in coscienza», cioè per convinzione interiore e responsabilmente, rispetta l'ordinamento civile e, dunque, anche quello tributario, di cui si è dotata la comunità in cui vive perché, come sottolineato da San Giovanni Crisostomo,

> «l'autorità è per te vantaggiosa in questioni della massima importanza, dal momento che procura la pace e l'amministrazione politica. Infatti per mezzo di quelle autorità sono conferiti mille vantaggi alle città; se le togli, scompariranno tutti, non rimarranno né città, né villaggi, né casa, né il foro né qualcosa d'altro. Ma tutto sarà sovvertito, dal momento che i più forti divoreranno i più deboli. Pertanto, anche se un castigo non perseguisse il ribelle, sarebbe tuttavia necessario che ti sottomettessi, per non apparire privo di coscienza e ingrato verso il benefattore».[42]

L'apostolo giustifica il pagamento dei tributi ai pubblici magistrati dal momento che sono «liturghi», cioè esercitano una funzione a vantaggio del popolo provvedendo al buon ordine della collettività. Il pagamento dei tributi, dunque, è fatto anche (ma non solo) per il proprio interesse e rende possibile ai magistrati operare per il bene pubblico indipendentemente da quello individuale. Per questo motivo in altre sue lettere Paolo afferma che occorre rivolgere preghiere a Dio per loro, affinché si possa vivere in pace, la cui tutela è il primo compito delle pubbliche autorità. (1Tm 2,1-2)

2.2 La testimonianza dei Padri della Chiesa e delle prime generazioni dei cristiani

Dalle testimonianze che ci sono pervenute si ricava che l'assolvimento dell'obbligo del pagamento delle imposte era cosa ovvia anche per le prime generazioni dei credenti in Cristo, e ciò nonostante l'evasione e la frode fiscale fossero fe-

---

41 Giovanni Ceretti, *Pagare le tasse. Solidarietà e condivisione*, op. cit., pagg. 60-61

42 Giovanni Crisostomo, «*Omelie sulla Lettera ai Romani*», XXIII, 1, in PG LX, col. 613

nomeni ben conosciuti all'epoca. È possibile che tale comportamento sia stato indotto dal timore delle persecuzioni, ma «certamente molto più decisivi e convincenti erano per essi gli insegnamenti contenuti nei passi evangelici e nelle parole di Paolo che abbiamo ricordato, passi che si trovano spesso richiamati nei documenti giunti fino a noi».[43]

Una tra le prime testimonianze che meritano essere ricordate è quella di San Giustino martire: «Come siamo stati istruiti da Lui, noi, più di tutti, cerchiamo ovunque di pagare agli esattori le imposte ordinarie e speciali». (*I Apologia* 17,1-3)

Anche nella lettera a Diogneto si rinviene la testimonianza che i primi cristiani «compiono tutti i doveri come cittadini, obbediscono alle leggi stabilite, ma il loro modo di vivere supera in perfezione ogni legge».

Tertulliano, nel contestare l'accusa rivolta ai cristiani di impoverire le casse dello stato facendo diminuire le offerte ai templi delle divinità pagane, afferma: «Ma le altre rendite renderanno grazie ai Cristiani, che il loro debito fedelmente pagano, in quanto dal frodare l'altrui ci asteniamo: talché, se il conto si facesse di quanto va per le entrate perduto a causa della frode e delle menzogne delle vostre dichiarazioni, il conto potrebbe tornare facilmente, riscontrandosi il danno deplorato per un solo titolo, compensato dal vantaggio degli altri computi». (*Apologeticum* 42,9)

Ireneo di Lione, citando San Paolo, individua la ragione del dovere di pagare le imposte nel fatto che «i magistrati sono i ministri di Dio, quando si dedicano assiduamente a questo compito». (*Adversus Haereses*, V,24,1)

Per Ambrogio di Milano è cosa ovvia assolvere il dovere di pagare le imposte se vogliamo obbedire all'insegnamento di Gesù. (*Expositio Evangelii secundum Luca,* 9,35-36)

Giovanni Crisostomo, come già abbiamo avuto modo di rilevare nel commentare la Lettera ai Romani di San Paolo, afferma chiaramente la necessità di pagare le imposte al fine di contribuire al bene di tutta la comunità.

[43] GIOVANNI CERETTI, *Pagare le tasse. Solidarietà e condivisione*, op. cit., pag. 61

Sant'Agostino argomenta che il cristiano deve sentirsi soggetto all'autorità civile: «se qualcuno pensa che poiché è cristiano non è tenuto a pagare le tasse o le imposte, o non deve manifestare l'onore dovuto alle autorità che si occupano di queste cose, si trova in un grave errore». (*Esposizione sulla lettera ai Romani*, 72)

Sempre sant'Agostino, nel raccomandare ad un nuovo vescovo il pagamento delle imposte per una proprietà per la quale il precedente pastore non aveva assolto l'obbligo fiscale, afferma: «Siccome era debitore verso il fisco, non voglio avere uno scrupolo sulla coscienza. Infatti la frode non cessa di essere tale per il fatto di essere stata compiuta nei riguardi del fisco». (*Epistola 96,2*)

2.3 Evoluzione teologica del tema nei secoli successivi e in particolare della concezione delle leggi meramente penali

Dall'epoca patristica fino al XII secolo la riflessione teologica è in linea con quanto affermato da San Paolo e dai Padri: «riferendosi alla obbligazione tributaria sostiene che si tratta di obbligazione di coscienza, interna, moralmente vincolante».[44]

Dal XIII al XV secolo prende corpo la corrente di pensiero secondo la quale le norme fiscali erano «leggi puramente penali» (*mere poenales*), cioè leggi che non obbligavano in coscienza ma obbligano, nel caso in cui l'imposta non è stata pagata e l'evasore è stato scoperto, a non sottrarsi al pagamento del tributo e della relativa sanzione.

> «Per riuscire a capire come tale dottrina si sia potuta affermare occorre immedesimarsi nella situazione di un'epoca nella quale esistevano regimi assolutistici e dispotici che opprimevano e sfruttavano i sudditi, i quali erano spesso in condizioni di grande miseria e lottavano per una grama sopravvivenza propria e delle loro famiglie. D'altra parte il ricavato delle imposte veniva per lo più utilizzato (o dissipato) per il lusso e gli sperperi delle classi dominanti o dei signori, i quali peraltro già disponevano di redditi cospicui provenienti dalle loro proprietà private mentre si curavano poco di migliorare le condizioni di vita dei propri concittadini».[45]

---

44 Gonzalo Higuera, *Etica fiscal*, voce della «Gran Enciclopedia Catòlica», sta in www.mercaba.org/DicTM/TM_etica_fiscal.htm

45 Giovanni Ceretti, *Pagare le tasse. Solidarietà e condivisione*, op. cit., 2010, pag. 66

I teologi moralisti dell'epoca, dunque, con tale impostazione si ponevano a difesa delle classi meno agiate, più povere.

Con il Rinascimento la teologia morale «imprime all'etica tributaria un nuovo cambio dottrinale, ritornando all'obbligazione in coscienza con riferimento all'osservanza delle leggi fiscali»[46] ma a condizione che l'obbligazione tributaria discenda da leggi giuste. La riflessione teologico - morale dell'epoca, quindi, ha spostato «il punto di gravità riflessivo dell'etica fiscale dal binomio coscienza-pena ad un altro moralmente più accettabile di tributo giusto-tributo ingiusto. Lo sforzo fu gigantesco tant'è che tale risultato continua a essere valido seppur con gli opportuni adattamenti».[47]

Nei secoli successivi e fino agli inizi del XX secolo la riflessione morale, seppur con molteplici precisazioni ed eccezioni per lo più correlate ai regimi politico-sociali dominanti nei diversi paesi, riafferma il pensiero delle "leggi puramente penali":

> «Le giustificazioni addotte per fondare tale insegnamento andavano dal fatto che tale sentenza appariva "tradizionale" e conforme alle esigenze della legge civile, che abitualmente non intende vincolare in coscienza, alla considerazione del comportamento tenuto anche dalle persone delicate di coscienza, o infine a quanto si è detto intorno all'ingiustizia di leggi fiscali che spesso imponevano dei pesi che i contribuenti non erano in grado di sopportare e nei confronti delle quali appariva pertanto legittima una forma di "compensazione occulta"».[48]

Al tema dell'imposizione fiscale, peraltro, era dedicato poco spazio all'interno dei trattati di teologia morale - per lo più redatti in latino e pensati per un impiego all'interno dei seminari - a causa sia della complessità della materia, sia del fatto che i sistemi di imposizione fiscale erano molto diversificati da uno stato all'altro.

Gli argomenti principalmente affrontati nei trattati riguardavano «il fondamento dell'imposta, riconosciuto nella giustizia legale o generale, per la quale il cittadino doveva concorrere alle spese sostenute dallo stato a favore di tutti i cittadini; lo studio della distinzione fra imposte dirette e indirette; e la frode fiscale».[49] Particolare attenzione era poi posta con riguardo al comportamento da seguire nel caso in cui il con-

---

[46] GONZALO HIGUERA, *Etica fiscal*, op. cit.
[47] *Idem*
[48] GIOVANNI CERETTI, *Pagare le tasse. Solidarietà e condivisione*, op. cit., pagg. 67-68
[49] *Idem,* pag. 69

tribuente si pentiva della frode fiscale commessa e intendesse riversare all'erario l'imposta a suo tempo non pagata.

Con l'affermarsi delle società democratiche nelle quali il potere legislativo è affidato a organismi parlamentari liberamente eletti dai cittadini, si assiste ad un cambiamento nella valutazione morale dei sistemi impositivi e dell'obbligo di coscienza di pagare le imposte, ciò in quanto inizia a prevalere il pensiero che il *corpus* legislativo di una nazione è informato alla ricerca e all'attuazione del bene comune.

2.4 Il dovere di pagare le imposte nella riflessione teologico-morale odierna

È opportuno ora rivolgere il nostro sguardo alla riflessione teologico-morale contemporanea in ordine al tema della "questione fiscale" e, in particolar modo, dell'evasione fiscale. La maggior parte delle analisi e delle opinioni dei teologi moralisti in ordine alla tematica oggetto di indagine si rinvengono, salvo qualche rara eccezione, tra le pagine di quotidiani (alcuni dei quali, diffusi solo attraverso la rete internet) e, quindi, caratterizzate dalla necessaria sinteticità discorsiva e argomentativa che il mezzo impone.

Nonostante la frammentarietà e la sinteticità degli interventi è possibile individuare una pressoché unanime convergenza in ordine al fatto che pagare le tasse è moralmente doveroso perché obbligo di giustizia contributiva che esige la cooperazione economica di tutti i cittadini al bene comune: «La nobiltà del fine (il bene comune) fa la nobiltà dell'atto (il tributo)».[50]

Nella riflessione teologica contemporanea il «fisco» è visto come «cassa comune» della collettività alla quale tutti i cittadini, in una visione e con uno spirito di solidarietà e di reciprocità, contribuiscono in ragione delle proprie disponibilità (capacità contributiva) e dalla quale tutti possono attingere a seconda delle diverse situazioni di bisogno. Il fisco quindi diverrebbe uno strumento di promozione dello sviluppo e di

---

[50] Mauro Cozzoli, *Non per convenienza ma per coscienza*, in *Avvenire*, 26 agosto 2011

una migliore distribuzione delle risorse e non più un «nemico» da combattere e da cui, con ogni sotterfugio, nascondersi.

Ma una fiscalità così concepita è questione intrinsecamente politica poiché riguarda la definizione di bene comune, l'individuazione dei mezzi per raggiungerlo, le modalità di raccolta delle risorse necessarie e i criteri con cui vengono gestite le risorse. Ma solo una fiscalità così progettata, cioè alimentata dalla linfa della solidarietà e reciprocità, potrà essere opportunità di spesa per un vantaggio condiviso e strumento essenziale per la promozione di una convivenza più ricca e meglio partecipata.

Ma vediamo più in dettaglio il pensiero dei teologi moralisti contemporanei, riflessioni che, al fine di un'esposizione più sistematica, sono state raggruppate per categorie di argomentazione, a partire dal dovere morale di lealtà fiscale, i rapporti tra fisco e Stato sociale, i principi del «buon fisco», le risposte alle obiezioni che in genere sono invocate per giustificare i comportamenti evasivi.

2.4.1 *Il dovere morale di pagare le tasse*

La riflessione teologico - morale contemporanea, seppur con qualche isolata voce «fuori dal coro»,[51] è pressoché unanime nell'affermare il «dovere morale di pagare le tasse».[52] Ciò a partire dall'evidenza che «le tasse non devono servire solo per coprire le spese essenziali al funzionamento degli organi dello stato – legislativo, esecutivo, giudiziario – questa è una visione liberista (non liberale), vecchia ormai di due secoli. Oggi devono principalmente servire ad assicurare a tutti i cittadini la tutela fonda-

[51] Ci si riferisce alla linea di pensiero, minoritaria, secondo cui è «abbastanza strana» la «recente premura dell'Episcopato italiano di dire che pagare le tasse è un obbligo morale. C'è l'intenzione della Chiesa italiana, non so con quali contropartite, di presentare i cristiani come buoni cittadini, con il rischio di invitarli a commettere atti profondamente immorali, pagando le tasse. Spiego perché. Primo: dovrei arrivare a dimostrare che il sistema fiscale è equo perché se non dimostro questo il mio pagare le tasse è una ingiustizia. Seconda cosa: dovrebbe essere possibile per me pretendere che non sia prelevato niente dalle tasse che pago per finanziare l'aborto o le guerre, perché se no rendete me colpevole di una cosa che alla mia coscienza ripugna. Lo Stato non è prima del cittadino, lo Stato è dopo. Quindi lo Stato non può avere, per nessuna ragione, il diritto di decidere quale debba essere il comportamento giusto del cittadino». CARLO RUSCONI, *Buon cristiano e buon cittadino?*, Conversazione del 18 febbraio 2012 presso l'ISSR «A. Marvelli» di Rimini; sta in http://www.brunoangelini.it

[52] BRUNO FORTE, *Pagare le tasse è un dovere etico, purché siano eque*, in *Il Sole 24 Ore*, 6 mag. 2012

mentale dei diritti dell'uomo: questi diritti non sono solo i tradizionale diritti di libertà, ma anche i diritti a tutto ciò che è essenziale a una vita pienamente umana».[53]

Enrico Chiavacci, peraltro, riscontra tali principi e finalità del sistema fiscale nei primi articoli della nostra Costituzione laddove esplicitamente si «riconosce e garantisce i diritti inviolabili dell'uomo, sia come singolo sia nelle formazioni sociali ove si svolge la sua personalità, e richiede l'adempimento dei doveri inderogabili di solidarietà politica, economica e sociale» (art. 2 Cost.) ed è ribadito che «è compito della Repubblica rimuovere gli ostacoli di ordine di ordine economico e sociale che, limitando di fatto la libertà e l'eguaglianza dei cittadini, impediscono il pieno sviluppo della persona umana» (art. 3 Cost.).

Al riconoscimento e all'esercizio dei diritti fondamentali dell'uomo nei confronti dell'intera comunità politica consegue che «l'imporre alla comunità i doveri necessari per il loro adempimento è compito proprio ed esclusivo dello Stato, che è per definizione il tutore del bene».[54] A questi compiti lo Stato moderno può adempiere sia fornendo direttamente servizi (mediante il sistema scolastico, dei trasporti, sanitario, ecc.), sia attraverso una redistribuzione di ricchezza (mediante, ad esempio, il sistema assistenziale e previdenziale). Lo Stato moderno «usa ambedue gli strumenti, e l'uso di essi richiede denaro che la comunità stessa dovrà dare, come parte essenziale degli inderogabili doveri di solidarietà».[55]

Ma non solo: gli strumenti di manovra fiscale servono anche per indirizzare la crescita economica e sociale di un paese lungo sentieri maggiormente equilibrati, infatti «nella struttura economica del mondo capitalistico si ha un fenomeno ben noto agli economisti: uno sviluppo economico porta sempre con sé un aumento di squilibrio fra chi sta meglio e chi sta peggio; lo sviluppo va perciò sempre accompagnato da un'adeguata manovra fiscale».[56]

---

[53] ENRICO CHIAVACCI, *Tasse e diritti dell'uomo*, in *Toscanaoggi on-line*, n. 15 del 16 aprile 2006, sta in www.toscanaoggi.it

[54] ENRICO CHIAVACCI, voce *Tassazione* del «Nuovo dizionario di Teologia Morale», Cinisello Balsamo, San Paolo, 1990, pag. 1362

[55] *Ibidem,* pag. 1362

[56] *Ibidem*, pag. 1362.

In questo senso, peraltro, si è anche espresso papa Paolo VI in occasione di un incontro con la Guardia di Finanza. Per il Papa l'organizzazione tributaria è di fondamentale e primaria importanza per ogni Stato, infatti, se quest'ultimo fosse privo della tutela del suo sistema tributario perché inesistente o a causa di della sua inefficienza:

> «mancherebbe alla vita nazionale ogni regolare funzionamento, ogni prosperità; mancherebbe all'economia la vigilanza, che la protegge e la stimola; e verrebbe meno quel sistema fiscale, che modera certamente i fenomeni primigeni e spontanei del settore economico, perché li contiene in dati limiti e li sottopone a dati contributi per il pubblico bene; ma, favorendo in tal modo una sempre più equa distribuzione della ricchezza e fornendo i mezzi per una sempre più larga rete di pubblici servizi, aperti a tutti i cittadini, rende possibile all'economia stessa una più larga e più efficiente espansione privata e sociale».[57]

Dalla riflessione riguardo alle finalità ultime del sistema impositivo di uno Stato discende in linea generale il principio che «pagare le tasse è moralmente doveroso, è un obbligo di giustizia contributiva che esige la cooperazione economica di tutti i cittadini al bene comune. La nobiltà del fine (il bene comune) fa la nobiltà dell'atto (il tributo). Il che dà dignità e valore prima di tutto etico all'azione contributiva: essa s'iscrive nell'ordine morale del bene da promuovere, dell'*I care* (il farsi carico) suscitato dal con-vivere sociale e politico».[58]

Nella riflessione teologica contemporanea il «fisco» è visto «come "cassa comune" alla quale contribuire tutti secondo la propria capacità contributiva - come prescrive la Costituzione - e dalla quale attingere per i bisogni di tutti e di ciascuno, in una logica di reciprocità e di solidarietà».[59]

Per la teologia morale contemporanea, dunque, pagare le tasse è un obbligo di giustizia sociale e contributiva nel quale si concretizza l'apporto del cittadino al bene comune; per i credenti «"pagare i tributi" è un imperativo esplicitato più volte del Nuovo Testamento e della Tradizione della Chiesa, valido sempre, e contestualizzato

---

[57] PAOLO VI, *Discorso alla Guardia di Finanza*, sabato 4 luglio 1964, sta in http://www.vatican.va/holy_father/paul_vi/speeches/1964/documents/hf_pvi_spe_19640704_guardia-finanza_it.html

[58] MAURO COZZOLI, *Non per convenienza ma per coscienza. Fisco giusto ed evasione: i doveri di chi fa le leggi e quelli del cittadino*, in *Avvenire* del 26 agosto 2011.

[59] GIACOMO COSTA, *Tasse: lo sforzo condiviso della partecipazione*, Aggiornamenti sociali, Vol. 63, n. 4, aprile 2012, pag. 279.

nella necessità di una vita irreprensibile di fronte a tutti, e in quel "rispetto delle autorità" che non ammette scorciatoie interessate o sacche di resistenza, se non quando è in gioco il fondamento del culto dovuto soltanto a Dio».[60]

2.4.2 *Fiscalità e «Stato sociale»*

Riguardo al ruolo della fiscalità un'altra argomentazione nasce dalla constatazione che in tutti i paesi maggiormente industrializzati «le leggi fiscali hanno reso possibile lo *Stato sociale*[61] che ha rappresentato e rappresenta, nella storia dei paesi occidentali, la forma più avanzata di *buona società*, uno dei momenti più forti di penetrazione di ide di solidarietà, di idee profondamente cristiane nel mondo dell'economia».[62] Seppur entrato in crisi il modello di stato sociale per molteplici cause (quali l'invecchiamento della popolazione, l'alta e costosa tecnologia necessaria nei servizi sanitari, i cambiamenti nelle modalità di svolgimento del lavoro, ma anche sprechi, inefficienze e cattiva gestione delle risorse) «il ruolo dell'intervento pubblico, nell'ambito dei servizi sociali di base, non può essere rimosso» e dunque «pagare le tasse è espressione concreta di solidarietà; partecipazione effettiva alla vita della società; modalità efficace con la quale la proprietà privata si coniuga con la sua funzio-

---

[60] ENRICO DAL COVOLO, *Introduzione al seminario di "Etica e giustizia nella tassazione" organizzato dall'Accademia Internazionale per lo sviluppo economico e sociale (AISES)*, Pontificia Università Lateranense, 21 gennaio 2011, sta in http://www.pul.it/wp-content/uploads/2011/01/Discorso-Rettore-21-01-2011.pdf.

[61] Sul concetto, le funzioni e le implicazioni socio-politiche dello Stato sociale si rinvia all'ottima sintesi ad opera della Commissione Diocesana "Giustizia e Pace" della Diocesi di Milano: «Lo Stato sociale è una specifica forma di assetto istituzionale e di prestazioni di politiche pubbliche, di legittimazione del potere politico, di diritti/doveri e spettanze dei cittadini. Come tale, esso porta a compimento molti di quegli elementi fondamentali dello Stato, i quali hanno caratterizzato l'intera traiettoria storica della organizzazione moderna del potere. Allo stesso tempo, però, introduce componenti nuove nel rapporto tra lo Stato e la società, accelerando i cambiamenti in atto e, talvolta, determinando trasformazioni originali sia nell'uno sia nell'altra. In sostanza, lo Stato sociale - se, da una parte, è la continuazione storica dello Stato moderno, di cui conserva i caratteri costitutivi - ha contribuito, dall'altra, a modificarlo, spesso profondamente. Lungo tutto lo svolgimento dello Stato sociale cambia, infatti, anche il rapporto tra Stato e democrazia: da antagonista qual era nei confronti della democrazia, almeno in grandissima parte dei Paesi europei, lo Stato sempre più tende a fondersi con la democrazia stessa. Anche per questo motivo una crisi fiscale dello Stato sociale può gettare assai pericolosamente la sua ombra sul funzionamento e sul grado di legittimazione di un regime democratico» COMMISSIONE DIOCESANA GIUSTIZIA E PACE DELLA DIOCESI DI MILANO, *Sulla questione fiscale. Contributo alla riflessione*, op. cit., par. n. 8.

[62] LUIGI LORENZETTI, «*La morale delle tasse*», in Mosaico di Pace, gennaio 2005, sta in www.peacelink.it/mosaico.

ne sociale».[63] Al riguardo è pienamente condivisibile l'osservazione della Commissione Diocesana Giustizia e Pace della Diocesi di Milano:

> «la crisi fiscale mette in condizione di rischio crescente non solo le finalità dello Stato sociale, ma anche molti dei positivi risultati già ottenuti. E, ponendo in dubbio la "sostenibilità" del rapporto tra Stato del benessere e cittadinanza, minaccia le potenzialità stesse di sviluppo il più autonomo e libero possibile della società. La crisi fiscale, da una parte, accelera il passaggio dall'età storica delle statalizzazioni a quella di riprivatizzazioni o nuove privatizzazioni; dall'altra, accentua incoerenze e fratture fra Stato e società, che lo Stato sociale aveva cercato di comporre».[64]

2.4.3 *Uno sguardo alle cause originarie dell'evasione fiscale*

Con riguardo alle cause dell'evasione fiscale e alle motivazioni sottostanti, i teologi moralisti individuano la fonte del comportamento evasivo nella convinzione, ben radicata nella coscienza dei contribuenti, secondo la quale

> «pagare le tasse ha valenza legale e non morale: pago le tasse non perché è bene, ma perché è prescritto. L'atto s'iscrive nell'ordine giuridico dell'ingiunzione di legge: non del bene da amare, ma di una legalità impositiva esterna e della pena comminata ai trasgressori. Così i doveri tributari non sono percepiti come obblighi di coscienza, ma di convenienza. Anzi s'arriva a compiacersi delle abilità evasive, fino ad esaltare la furbizia e commiserare gli onesti. Il che è sintomo di un vuoto di coscienza etica, incapace d'intercettare il bene e farlo valere attraverso la legge e oltre la legge».[65]

È venuta meno, cioè, l'idea di giustizia sociale quale cemento fondativo della vita associata poiché si è affermata, almeno nel mondo occidentale, una concezione individualistica dell'uomo secondo «la quale riduce la giustizia a giustizia "privata" o, con un termine più preciso, a giustizia "commutativa" il cui campo d'azione è il mondo delle relazione intersoggettive. La dimensione sociale non è più concepita come fattore costitutivo della soggettività umana, ma è ridotta a realtà del tutto accessoria che va forzatamente accettata per non mettere a repentaglio l'ordine della convivenza»[66].

---

[63] *Ibidem.*

[64] COMMISSIONE DIOCESANA GIUSTIZIA E PACE DELLA DIOCESI DI MILANO, «Sulla questione fiscale. Contributo alla riflessione», op. cit., par. n. 8.

[65] MAURO COZZOLI, *Non per convenienza ma per coscienza. Fisco giusto ed evasione: i doveri di chi fa le leggi e quelli del cittadino*, in *Avvenire* del 26 agosto 2011

[66] GIANNINO PIANA, *Evadere le tasse*, in *Rocca* n. 22 del 15 novembre 2006

Lo Stato, quindi, viene visto come una realtà che si impone dall'esterno e dall'alto, e che ha un compito marcatamente autoritario e negativo. L'atteggiamento di diffidenza nei confronti dello Stato così concepito e l'assenza di una forte tensione sociale che solleciti l'impegno verso la collettività spiegherebbero la scarsa sensibilità nei confronti della questione fiscale e, dunque, la diffusione dell'evasione fiscale.

Secondo Giannino Piana questa visione dello Stato «non è mai venuta meno; anzi si ripropone oggi con insistenza, a livello teorico, attraverso la dottrina dello "Stato minimo" e, a livello di prassi concreta, attraverso la tendenza presente anche nel nostro Paese - è sufficiente richiamare qui la lettura riduttiva che talora si fa del principio di sussidiarietà - ad assegnare allo Stato una funzione puramente residuale»[67].

2.4.4 *Per una fiscalità «giusta» ed «equa»*

La riflessione teologico - morale, però, una volta affermato che l'adempimento tributario è un dovere di coscienza poiché significa contribuire al bene di tutti, al bene comune, è cioè un dovere di stretta giustizia sociale, va ben oltre evidenziando con grande enfasi i principi secondo i quali:

a) «le tasse siano eque»,[68] vale a dire, «il fisco deve rispondere a esigenze di giustizia, deve essere giusto»;[69] e

b) «l'affidabilità delle garanzie offerte da chi governa riguardo al buon uso del denaro pubblico»,[70] cioè l'«*onestà dei politici* nella gestione e redistribuzione del bene comune».[71]

È convinzione comune dei teologi moralisti che entrambi i principi, purtroppo, stanno subendo una forte e progressiva corrosione sia nei fatti, sia a livello di percezione dei cittadini, con effetti dirompenti sulla fiducia di questi ultimi verso le istituzioni e conseguenti gravi ricadute sulla convivenza civile.

---

[67] *Ibidem*

[68] BRUNO FORTE, *Pagare le tasse è un dovere etico, purché siano eque*, in *Il Sole 24* Ore, 6 mag. 2012.

[69] BRUNO BIGNAMI, *Le tasse si devono pagare, ma serve efficienza ed equità*, sta in http://www. diocesidicremona.it/main/base1.php?id=sknewsfoto&idrec=2916.

[70] BRUNO FORTE, *Pagare le tasse è un dovere etico, purché siano eque*, op. cit.

[71] MAURO COZZOLI, *Non fate ingiustizie*, in *Avvenire*, 28 aprile 2012.

Sul versante dell'equità fiscale, infatti, l'abnorme dimensione del fenomeno evasivo associato a un elevato tasso di pressione tributaria, contribuisce ad aumentare la divaricazione tra ricchezza e povertà nel nostro paese; ciò è indice di «una iniquità che penalizza i poveri e gli onesti, al punto di imporre loro oneri che varcano persino la soglia di sostenibilità»[72]. È convinzione dei teologi moralisti contemporanei che un sistema fiscale può essere definito buono e giusto soltanto quando è informato ai principi di efficienza, equità, semplicità legislativa e amministrativa, trasparenza politica, flessibilità.

Un sistema fiscale è efficiente quando distorce il meno possibile l'allocazione delle risorse derivante dalle scelte degli individui e delle imprese. Un sistema fiscale può essere qualificato efficiente anche quando si prefigge e consegue obiettivi intesi a incentivare comportamenti ritenuti meritevoli di tutela e/o disincentivare comportamenti potenzialmente dannosi. Nel primo caso si pensi, ad esempio, al complesso delle agevolazioni fiscali per l'acquisto della «prima casa», per il restauro e la manutenzione di immobili secondo criteri che consentano il risparmio energetico, oppure, allargando l'orizzonte a un ambito extra europeo, all'adozione di politiche daziarie di favore per l'introduzione di merci provenienti da paesi in via di sviluppo al fine di stimolarne la crescita economica. Nel secondo caso si pensi alle politiche di aggravio impositivo verso prodotti ritenuti dannosi per la salute dei cittadini, ovvero agli inasprimenti daziari a difesa dell'industria europea contro la concorrenza sleale di talune industrie estere.

Il fisco può ritenersi equo quando fa sì che individui e gruppi identici o simili siano trattati in maniera la più possibile uguale o analoga (principio di uguaglianza) e, dall'altra, che chi è in condizioni di sostenere un sacrificio più elevato contribuisca in proporzione, secondo criteri ragionevolmente progressivi, a ciò che è richiesto dal bene comune dell'intera collettività. Il principio di equità è il primo e doveroso crite-

[72] *Ibidem.*

rio ispiratore di ogni sistema fiscale giusto «da mettere in atto con grande accortezza, con forte senso di verità e mediante una giusta ripartizione dei sacrifici».[73]

Un sistema fiscale efficiente ed equo, pertanto, è radicato sul contemperarsi del principio del beneficio e quello del sacrificio. In forza del primo, l'onere del cittadino-contribuente, cioè l'ammontare dell'imposta, è stabilito in correlazione al servizio ricevuto. In forza del criterio del sacrificio, il cittadino-contribuente e i gruppi sociali o territoriali di cittadini-contribuenti sono consapevoli che, se pagano più di quanto ricevono, altri individui e gruppi ne traggono - in modo trasparente e il più possibile conforme all'equità e alla solidarietà - un beneficio da ciò che è stato pagato:

> «Solo il contemperarsi del principio del beneficio e di quello del sacrificio fa sì che la contribuzione fiscale possa essere considerata come un aspetto e un gesto fondamentale dell'appartenenza alla cittadinanza, e non come elemento negativo di essa o addirittura limite non sopportabile per lo sviluppo delle potenzialità di una convivenza civile».[74]

Il legislatore, dunque, ha il compito di elaborare leggi tributarie giuste ed eque, rispondenti cioè a criteri di proporzionalità (in rapporto alle capacità contributive di persone, famiglie, associazioni e imprese) e di differenziazione dei beni tassabili secondo parametri di necessità - lusso, produzione - svago, beneficio - nocività, profit - non profit. Leggi fiscali «ingiuste, parziali e vessatorie, da una parte, confuse, incongrue e farraginose, dall'altra, non favoriscono il cordiale approccio dei cittadini ad esse e la coscienza morale del loro valore e della loro esigibilità».[75]

Un buon sistema fiscale inoltre è trasparente, semplice, non farraginoso, basato su una legislazione d'immediata comprensibilità e facile da applicare, che non obbliga i cittadini contribuenti a sostenere elevati oneri aggiuntivi per l'adempimento del dovere tributario. La trasparenza implica anche la contestabilità delle pretese che l'amministrazione rivolge ai cittadini e ciò sotto il duplice profilo del diritto dei contribuenti alla difesa giurisdizionale e amministrativa e del diritto di esercitare la libertà di pensiero potendo esternare in ogni momento le ragioni culturali e politiche del

---

[73] BRUNO FORTE, *Pagare le tasse è un dovere etico, purché siano eque*, op.cit.

[74] COMMISSIONE DIOCESANA GIUSTIZIA E PACE DELLA DIOCESI DI MILANO, *Sulla questione fiscale. Contributo alla riflessione*, op. cit., par. n. 6.

[75] MAURO COZZOLI, *Non per convenienza ma per coscienza. Fisco giusto ed evasione: i doveri di chi fa le leggi e quelli del cittadino*, in *Avvenire*, 26 agosto 2011.

proprio dissenso verso il sistema impositivo. A tal riguardo Giovanni Paolo II, in occasione di un incontro con un gruppo di tributaristi europei ha avuto modo di precisare:

> «bisogna ammettere che un'imposizione legale e giusta è cosa molto difficile. Nessuna società può vantarsi di averla ben risolta. Dal tempo in cui la raccolta delle imposte era affidata ai pubblicani - che avevano un gran margine di iniziativa - fino all'epoca attuale, un lungo cammino è stato percorso. Oggi sono disposizioni giuridiche e istanze amministrative ad avere questo ruolo, con un volto forse più anonimo e rigoroso. Voi, invece, vegliate affinché gli individui, pur compiendo il loro dovere in materia, non siano vittime di ingiustizie nel prelevamento delle imposte: li aiutate a proteggere e garantire i loro diritti, con tutta la competenza giuridica che vi appartiene. Questo non può avvenire che in un clima di libertà, del quale voi siete giustamente difensori. La libertà in questo campo consiste nell'offrire agli individui e agli organismi intermediari la possibilità di far valere i propri diritti e di difenderli, nei confronti delle altre amministrazioni ed in particolare quelle dello Stato, secondo dei procedimenti che permettano un arbitraggio od un giudizio espresso secondo coscienza, conformemente alle leggi stabilite, ed indipendente da ogni forma di potere. È un ideale che bisogna augurarsi per ogni paese».[76]

Anche Papa Francesco ha avuto modo di incontrare una folta rappresentanza di commercialisti in occasione di un loro congresso mondiale che si è svolto a Roma nel novembre del 2014. Nel corso dell'udienza si è così rivolto ai presenti:

> «...è richiesto a tutti, specialmente a quanti esercitano una professione che ha a che fare con il buon funzionamento della vita economica di un Paese, di giocare un ruolo positivo, costruttivo, nel quotidiano svolgimento del proprio lavoro, sapendo che dietro ogni carta c'è una storia, ci sono dei volti. In tale impegno, che, come dicevamo, richiede la cooperazione di tutti, il professionista cristiano attinge ogni giorno dalla preghiera e dalla Parola di Dio la forza anzitutto per fare bene il proprio dovere, con competenza e saggezza; e poi per "andare oltre", che significa andare incontro alla persona in difficoltà; esercitare quella creatività che ti permette di trovare soluzioni in situazioni bloccate; far valere le ragioni della dignità umana di fronte alle rigidità della burocrazia.
>
> L'economia e la finanza sono dimensioni dell'attività umana e possono essere occasioni di incontri, di dialoghi, di cooperazioni, di diritti riconosciuti e di servizi resi, di dignità affermata nel lavoro. Ma per questo è necessario porre sempre al centro l'uomo con la sua dignità, contrastando le dinamiche che tendono ad omologare tutto e pongono al vertice il denaro. Quando il denaro diventa il fine e la ragione di ogni attività, di ogni iniziativa, allora prevalgono l'ottica utilitaristica e le logiche selvagge del profitto che non rispetta le persone, con la conseguente diffusa caduta dei valori della solidarietà e del rispetto per la persona umana. Quanti operano a vario titolo nell'economia e nella finanza, sono chiamati a fare scelte che favoriscano il benessere sociale ed economico dell'intera umanità, offrendo a tutti l'opportunità di realizzare il proprio sviluppo.

---

[65] GIOVANNI PAOLO II, *Discorso ad un gruppo di tributaristi della "Confédération fiscale européenne»*, 7 novembre 1980

Voi commercialisti, nella vostra attività, vi affiancate alle aziende, ma anche alle famiglie e ai singoli, per offrire la vostra consulenza economico-finanziaria. Vi incoraggio ad operare sempre responsabilmente, favorendo rapporti di lealtà, di giustizia e, se possibile, di fraternità, affrontando con coraggio soprattutto i problemi dei più deboli e dei più poveri. Non basta dare risposte concrete ad interrogativi economici e materiali; occorre suscitare e coltivare un'etica dell'economia, della finanza e del lavoro; occorre tenere vivo il valore della solidarietà – questa parola che oggi rischia di essere cacciata via dal dizionario – la solidarietà come atteggiamento morale, espressione dell'attenzione all'altro in ogni sua legittima esigenza».[77]

2.4.5 *Alcune risposte alle giustificazioni dei comportamenti di slealtà fiscale*

La riflessione teologico-morale ha anche tentato di fornire risposte alle obiezioni e giustificazioni spesso sono invocate dai contribuenti-evasori a giustificazione del loro comportamento evasivo. È interessante constatare al riguardo come fin dagli inizi degli anni 50 del secolo scorso la teologia morale avesse già tentato di rispondere ad alcune delle più frequenti argomentazioni assunte dal «partito degli evasori». Ci si riferisce all'intervento di Lorenzo Fezzi che ha sintetizzato le molteplici giustificazioni raggruppandole in tre tipologie: «lo Stato ci impone degli oneri fiscali esagerati; il carico fiscale è distribuito tra i contribuenti in modo arbitrario; il pagamento delle tasse si riduce ad essere un danno per gli onesti».[78] Ebbene le risposte, seppur datate di oltre mezzo secolo e storicamente sedimentate alla luce del sistema tributario dell'epoca, mantengono una loro vitalità e validità per il contesto odierno. La risposta è pressoché politica oltre che ancorata alla concretezza e all'ampiezza dei compiti dello Stato:

> «non è logico dissociare la responsabilità che noi abbiamo come elettori da quella che abbiamo come contribuenti. I non pochi e fondati motivi di critiche, pur così evidenti sia nell'amministrazione statale, che nella stessa legge fiscale, non giustificano la resistenza, l'evasione e la frode per quanto "legale": i servizi dello Stato restano sempre una realtà costosa, come lo dimostrano con chiarezza le cifre del bilancio».[79]

---

[77] PAPA FRANCESCO, *Discorso ai partecipanti al Congresso mondiale dei Commercialisti*, 14 novembre 2014

[78] LORENZO FEZZI, *Fisco e coscienza. II parte: risposta ad alcune obiezioni contro l'esecuzione del dovere fiscale*, in *Aggiornamenti Sociali*, Vol. 4, n. 11, novembre 1953, pagg. 361-374

[79] LORENZO FEZZI, *Fisco e coscienza. II parte: risposta ad alcune obiezioni contro l'esecuzione del dovere fiscale*, op. cit.

Lo studioso, inoltre, richiamandosi al principio secondo il quale l'obbligo fiscale è «un vero e proprio obbligo di coscienza che affonda le sue radici ultime nella stessa natura sociale dell'uomo, come cioè esso derivi la sua forza obbligante da indiscutibili principi della legge naturale»,[80] pone l'attenzione su quelli che potrebbero essere gli effetti di un massiccio intervento evasivo: «prima di disubbidire dobbiamo considerare seriamente se il danno e il disordine derivanti dalla disobbedienza e dall'evasione non siano forse più deleteri alla collettività di quanto possa esserlo l'ingiustizia che vogliamo evitare».[81]

In epoca più recente, all'obiezione secondo cui sarebbe giusto evadere perché lo Stato comunque spreca i denari, guadagnati con fatica dai contribuenti e che vengono versati alle casse dell'erario, Enrico Chiavacci evidenzia che

> «governare decine di milioni di persone richiede un apparato amministrativo enorme, e non è possibile pretendere la santità da tutti i singoli membri dell'apparato. Il cattivo uso che il governo fa del prelievo fiscale non dispensa il pagamento: per cattivo che sia l'uso, nella complessità dell'economia attuale solo lo Stato può affrontare i problemi cosiddetti macroeconomici. L'inadempienza degli apparati governativi non giustifica l'inadempienza del singolo cittadino: giustifica invece, e impone moralmente, in un regime democratico, di mandare a casa i cattivi governanti alle prime elezioni»[82].

Sulla stessa lunghezza d'onda anche Giannino Piana il quale, a fronte dell'evasione fiscale in reazione agli sprechi di risorse pubbliche classificate sotto la voce «costi della politica», ritiene che «la critica merita maggiore considerazione. I motivi che sono alla base della protesta attuale non possono essere elusi: l'ammontare dei costi della politica ha raggiunto livelli scandalosi».[83] Si citano, quali esempi di sprechi, gli stipendi dei parlamentari, degli amministratori pubblici e dei «boiardi» di Stato, «che sono peraltro tra i più alti d'Europa», i costi riferiti alle consulenze professionali di cui gli enti pubblici si servono, di quelli connessi alla creazione di enti spesso inutili e conseguente creazione di reti clientelari e artificiosa moltiplicazione della burocrazia

---

[80] *ibidem*

[81] *ibidem*

[82] ENRICO CHIAVACCI, voce *Tassazione*, op. cit., pag. 1363. In senso analogo si è espresso anche MARCO DOLDI, *Rubare a Cesare non è peccato?*, in *Toscanaoggi on-line*, n. 18 del 14 maggio 2006, sta in www.toscanaoggi.it

[83] GIANNINO PIANA, "*Tasse bellissime*", in *Rocca* n. 21 del 1 novembre 2007

che impediscono l'applicazione del principio di equità, cioè il rispetto dell'uguaglianza di tutti nell'accesso alla soddisfazione dei diritti.

Ebbene, pur prendendo atto che tali comportamenti generano un profondo stato di disagio e di crescente disaffezione verso la cosa pubblica,

> «le obiezioni sollevate non scalfiscono in ogni caso il principio secondo il quale il pagamento delle tasse, nella misura richiesta dalle leggi, è un preciso dovere di giustizia. Evidenziano tuttavia l'importanza che riveste la partecipazione critica dei cittadini come stimolo a modificare il sistema vigente, denunciandone i limiti e suggerendo in positivo eventuali proposte di miglioramento o, al limite, predisponendo le condizioni, nel caso in cui la situazione non si modificasse, per il cambiamento della classe politica attraverso il ricorso alle urne»[84].

«In campo fiscale non è ammissibile la scorciatoia di "farsi giustizia da soli"».[85] La partecipazione attiva, concreta e propositiva alla costruzione di un consenso politico attorno a un progetto di riforma fiscale è la strada maestra che consente di superare le obiezioni del «partito degli evasori»:

> «oltre che a fare buone leggi fiscali, i cittadini sono chiamati a controllare la gestione e la destinazione del denaro pubblico. Il contribuente non firma una cambiale in bianco; in un regime democratico i cittadini hanno soprattutto due strumenti per contrastare distorsioni e prevaricazioni: la denuncia, oggettiva e provata, di scelte non giustificate dal bene comune; e il voto punitivo verso chi ha tradito la fiducia».[86]

Gravi sono dunque le responsabilità di tutti, in particolare dei rappresentanti dei partiti politici, dei cittadini posti a rappresentanza delle istituzioni e della politica in generale, sul duplice versante dell'impegno a promulgare e far valere leggi giuste e sostenibili e di essere modelli di equità e onestà amministrativa:

> «questo salto di qualità, reale e ben percepibile, è necessario per non allontanare ancor più, e con esiti disastrosi, la politica e lo stato di diritto, e per non indurre pastori e direttori di coscienza a tornare al "principio delle leggi meramente penali" per liberare le coscienze dei poveri e degli onesti dal rimorso di un tributo non pagato».[87]

---

[84] *Ibidem*

[85] Giacomo Costa, *Tasse: lo sforzo condiviso della partecipazione*, in *Aggiornamenti sociali*, Vol. 63, n. 4, aprile 2012, pag. 281

[86] Luigi Lorenzetti, *La morale delle tasse*, in *Mosaico di Pace*, gennaio 2005, sta in www.peacelink.it/mosaico

[87] Mauro Cozzoli, *Non fate ingiustizie*, in *Avvenire*, sabato 28 aprile 2012

Capitolo terzo
Orientamenti proposti dalla Dottrina Sociale della Chiesa

3.1 LA FINANZA PUBBLICA COME STRUMENTO DI SVILUPPO

Nel magistero sociale della Chiesa le questioni correlate alla fiscalità sono per lo più affrontate nell'ambito di analisi socio-economiche di più ampio respiro sempre, però, alla luce del fondamento antropologico-sociale dell'imposizione fiscale.

Nel Compendio della Dottrina Sociale della Chiesa il tema della raccolta fiscale trova un'efficace sintesi al n. 355 che non a caso è inserito nel capo IV «Istituzioni economiche al servizio dell'uomo» del capitolo settimo «La vita economica». Con evidenti rimandi alla Costituzione pastorale *Gaudium et Spes* e alle Lettere Encicliche succedutesi nel tempo, nel Compendio si sottolinea l'importanza di una equa e solidale raccolta fiscale e, correlativamente, della spesa pubblica che mediante la stessa essa viene finanziata.

> «*La raccolta fiscale e la spesa pubblica assumono un'importanza economica cruciale per ogni comunità civile e politica: l'obiettivo verso cui tendere è una finanza pubblica capace di proporsi come strumento di sviluppo e di solidarietà*. Una finanza pubblica equa, efficiente, efficace, produce effetti virtuosi sull'economia, perché riesce a favorire la crescita dell'occupazione, a sostenere le attività imprenditoriali e le iniziative senza scopo di lucro, e contribuisce ad accrescere la credibilità dello Stato quale garante dei sistemi di previdenza e di protezione sociale, destinati in particolare a proteggere i più deboli.
>
> *La finanza pubblica si orienta al bene comune quando si attiene ad alcuni fondamentali principi: il pagamento delle imposte come specificazione del dovere di solidarietà; razionalità ed equità nell'imposizione dei tributi*; *rigore e integrità nell'amministrazione e nella destinazione delle risorse pubbliche*. Nel ridistribuire le risorse, la finanza pubblica deve seguire i principi della solidarietà, dell'uguaglianza, della valorizzazione dei talenti, e prestare grande attenzione a sostenere le famiglie, destinando a tal fine un'adeguata quantità di risorse».[88]

Balza evidente, in primo luogo, l'accento che il magistero sociale della Chiesa pone sul rapporto tra la politica delle entrate (raccolta fiscale) e quella della spesa pubblica, rapporto che deve essere il più possibile trasparente, controllabile e finalizzato

---

[88] PONTIFICIO CONSIGLIO DELLA GIUSTIZIA E DELLA PACE, *Compendio della dottrina sociale della Chiesa*, Libreria Editrice Vaticana, Città del Vaticano, 2010, par. n. 355.

ai bisogni della comunità umana. In altri termini, è magistralmente ribadito il principio secondo cui una «buona finanza pubblica», intesa come buon rapporto tra ordinamento tributario e criteri di gestione e d'impiego delle risorse raccolte, è condizione necessaria affinché una società possa svilupparsi in maniera virtuosa e ordinata, ciò giacché un «buon fisco» correlato a una «ordinata spesa» è fattore di crescita imprenditoriale e dell'occupazione, è capace cioè di sostenere uno sviluppo equilibrato del sistema economico.

In secondo luogo, un'equa raccolta fiscale e una corretta e trasparente gestione delle risorse suscitano il consenso dei cittadini e rafforza i vincoli di lealtà politica perché coinvolge governanti e governati in un rapporto di mutua e trasparente obbligazione che, poiché tale, merita essere onorata da entrambi. In altre parole, l'esistenza di un buon fisco e di una corretta e trasparente spesa pubblica è il corrispettivo necessario dell'appartenenza civile, sociale e politica a una cittadinanza.

Ogni ordinamento politico della convivenza civile, infatti, ha un suo inevitabile «costo», più o meno rilevante e suscettibile di variazioni a seconda delle contingenze storiche, dei rapporti interni e internazionali della comunità, delle modalità di azione dei governanti, delle richieste e delle aspettative della società, ma a tale «costo» tutti i cittadini responsabilmente devono concorrere.

3.2 Uno sguardo ai principi permanenti della Dottrina Sociale della Chiesa

Prima di esaminare in dettaglio i specifici interventi del magistero sociale della Chiesa con riguardo al tema della fiscalità, è opportuno un breve sguardo sui «principi permanenti della Dottrina Sociale della Chiesa» i quali «costituiscono i veri e propri cardini dell'insegnamento sociale cattolico, espressione dell'intera verità sull'uomo conosciuta tramite la ragione e la fede».[89]

Si tratta dei principi della persona umana e della sua dignità, del bene comune, della solidarietà, della sussidiarietà e della partecipazione attiva.

[89] Pontificio Consiglio della Giustizia e della Pace, *Compendio della dottrina sociale della Chiesa*, op. cit., par. n. 160.

3.2.1 *Il principio personalista*

Si tratta del principio di maggior importanza di tutta la Dottrina Sociale della Chiesa, tale da costituirne l'irrinunciabile e costante punto di riferimento.

La dignità dell'uomo, o principio personalista, trae origine dallo stesso dogma cristiano:

> «la dignità della persona si fonda sul fatto che essa è creata ad immagine e somiglianza di Dio ed elevata ad un fine soprannaturale trascendente le vita terrena. L'uomo, quindi, come essere intelligente e libero, soggetto di diritti e di doveri, è il primo principio e, si può dire, il cuore e l'anima dell'insegnamento sociale della Chiesa».[90]

E il Magistero sociale della Chiesa riafferma:

> «*La Chiesa vede nell'uomo, in ogni uomo, l'immagine vivente di Dio stesso; immagine che trova ed è chiamata a ritrovare sempre più profondamente piena spiegazione di sé nel mistero di Cristo, Immagine perfetta di Dio, Rivelatore di Dio all'uomo e dell'uomo a se stesso.* A quest'uomo, che da Dio stesso ha ricevuto una incomparabile ed inalienabile dignità, la Chiesa si rivolge e gli rende il servizio più alto e singolare, richiamandolo costantemente alla sua altissima vocazione, perché ne sia sempre più consapevole e degno. Cristo, Figlio di Dio, "con la sua incarnazione si è unito in un certo senso ad ogni uomo"; per questo la Chiesa riconosce come suo compito fondamentale il far sì che una tale unione possa continuamente attuarsi e rinnovarsi. In Cristo Signore, la Chiesa indica e intende per prima percorrere la via dell'uomo, e invita a riconoscere in chiunque, prossimo o lontano, conosciuto o sconosciuto, e soprattutto nel povero e nel sofferente, un fratello "per il quale Cristo è morto" (*1 Cor* 8,11; *Rm* 14,15)».[91]

È un principio che nella sua portata antropologica costituisce la fonte degli altri principi che fanno parte del corpo della dottrina sociale: «Tutta la dottrina sociale si svolge, infatti, a partire dal principio che afferma l'intangibile dignità della persona umana».[92]

L'uomo-persona è il soggetto e il centro della società, la quale, con le sue strutture, organizzazioni e funzioni, ha come scopo la creazione e il continuo adeguamento di condizioni economiche, sociali e culturali che permettano al maggior numero possibi-

---

[90] CONCILIO VATICANO II, Costituzione pastorale 7 dicembre 1965 «*Gaudium et spes*», par. n. 17.
[91] PONTIFICIO CONSIGLIO DELLA GIUSTIZIA E DELLA PACE, *Compendio della dottrina sociale della Chiesa*, op. cit., par. n. 105.
[92] *Ibidem*, par. n. 107.

le di persone lo sviluppo delle loro capacità e il soddisfacimento delle loro legittime esigenze di perfezione e di felicità.

Innumerevoli sono le possibili attualizzazioni del «principio personalista»; tra queste, con riguardo al tema che stiamo esaminando, merita particolare menzione ciò che il Compendio afferma con riguardo al compito primario delle autorità pubbliche:

> «È necessario pertanto che le autorità pubbliche vigilino con attenzione, affinché ogni restrizione della libertà o comunque ogni onere imposto all'agire personale non sia mai lesivo della dignità personale e affinché venga garantita l'effettiva praticabilità dei diritti umani. Tutto questo, ancora una volta, si fonda sulla visione dell'uomo come *persona*, vale a dire come soggetto *attivo* e *responsabile* del proprio processo di crescita, insieme alla comunità di cui è parte»,[93]

ciò in quanto

> «*L'uomo esiste come essere unico e irripetibile, esiste come un "io", capace di autocomprendersi, di autopossedersi, di autodeterminarsi.* La persona umana è un essere intelligente e cosciente, capace di riflettere su se stesso e quindi di aver coscienza di sé e dei propri atti. Non sono, tuttavia, l'intelligenza, la coscienza e la libertà a definire la persona, ma è la persona che sta alla base degli atti di intelligenza, di coscienza, di libertà. Tali atti possono anche mancare, senza che per questo l'uomo cessi di essere persona».[94]

3.2.2 *Il principio del bene comune*

Ogni ambito della società deve primariamente concorrere al bene dell'uomo e di ogni uomo, perché solo così si potrà realizzare un vero e armonioso sviluppo. L'uomo deve essere sempre pensato non solo come individuo, ma anche nella sua relazione con la società, cioè con gli altri uomini che compongono la comunità in cui vive e opera.

Accanto al bene individuale, dunque, c'è un bene legato al vivere sociale delle persone, «è il bene di quel "noi-tutti", formato da individui, famiglie e gruppi intermedi che si uniscono in comunità sociale».[95] Il Compendio tratta del bene comune offrendo la seguente definizione:

> «Dalla dignità, unità e uguaglianza di tutte le persone deriva innanzi tutto il principio del bene comune, al quale ogni aspetto della vita sociale deve riferirsi per trovare pienezza di senso. Secondo una prima e vasta accezione, per bene comune s'intende "l'insieme di quelle condizioni

---

[93] *Ibidem*, par. n. 133.
[94] *Ibidem*, par. n. 131.
[95] BENEDETTO XVI, lett. enc. *Caritas in Veritate*, 29 giugno 2009, n. 7.

della vita sociale che permettono sia alle collettività sia ai singoli membri, di raggiungere la propria perfezione più pienamente e più celermente" (*Gaudium et spes*, n. 26). Il bene comune non consiste nella semplice somma dei beni particolari di ciascun soggetto del corpo sociale. Essendo di tutti e di ciascuno è e rimane comune, perché indivisibile e perché soltanto insieme è possibile raggiungerlo, accrescerlo e custodirlo, anche in vista del futuro. Come l'agire morale del singolo si realizza nel compiere il bene, così l'agire sociale giunge a pienezza realizzando il bene comune. Il bene comune, infatti, può essere inteso come la dimensione sociale e comunitaria del bene morale».[96]

Il concetto di bene comune, dunque, delegittima una concezione privatistica dei diritti i quali, pur essendo formulati per esprimere l'uguale dignità di ogni persona, frequentemente sono invocati per rivendicare beni auspicati per se stessi, nell'oblio dei doveri verso gli altri. Ciò è proprio di una concezione contrattualistica della società per la quale l'uomo è un essere costitutivamente individuale, spinto ad associarsi con altri uomini per mera convenienza. All'interno di una concezione contrattualistica e individualista della società, le relazioni sono improntate a una logica utilitaristica, centrata sul proprio tornaconto, «ne vediamo i frutti nella piaga dell'evasione fiscale e nell'impiego a fini personali di beni pubblici; nella corruzione e nell'indifferenza verso i poveri. In sintesi, l'individualismo genera solitudine».[97]

Il bene comune, dunque, non va confuso né con il bene privato, né con il bene pubblico. Nel bene comune, il vantaggio che ciascuno trae per il fatto di far parte di una certa comunità non può essere scisso dal vantaggio che altri pure ne traggono. Ciò significa che l'interesse di ognuno si realizza insieme a quello degli altri, non già contro (come accade con il bene privato), né a prescindere dall'interesse degli altri (come accade con il bene pubblico). Al riguardo è stato giustamente sottolineato che così inteso

«il bene comune ha oggettivamente dei nemici: chi si comporta da "opportunista", vivendo alle spalle degli altri; ma anche chi si comporta da "altruista puro", volendo annullare il proprio legittimo interesse per favorire l'altro. Né egoismo, né altruismo puro sono in grado di sostenere un

[96] PONTIFICIO CONSIGLIO DELLA GIUSTIZIA E DELLA PACE, *Compendio della dottrina sociale della Chiesa*, op. cit., par. n. 164.

[97] ANGELO BAGNASCO, *La questione antropologica della Dottrina Sociale della Chiesa*, Relazione all'Incontro pre pasquale con i politici, Aula Magna Università della Santa Croce, Roma 7 marzo 2012.

ordine sociale veramente umano. Ciò che fa crescere il bene comune è un comportamento ispirato al principio di reciprocità, che ci fa sentire parte di un corpo, legati gli uni agli altri».[98]

Le ragioni dunque per chiamare «comune» questo bene sono due. Una ragione è che questo bene può essere costruito, raggiunto, accresciuto solo comunitariamente, cioè dallo sforzo comune di un'intera società. L'altra ragione sta nella sua indivisibilità, se ne può godere soltanto tutti insieme. Il bene comune deve essere come l'ossigeno che alimenta ciascuna cellula dell'organismo sociale e ne stimola la vita e l'attività.

3.2.3 *Il principio di solidarietà*

La solidarietà, unitamente al concetto di sussidiarietà, è un principio che nella Chiesa è stato da sempre affermato, anche se in modo implicito, in quanto parte integrante della visione antropologica cristiana derivante dalla Rivelazione. Ciò è ben sintetizzato nel Compendio nel quale, operando una sapiente sintesi di quanto affermato nelle singole encicliche del magistero sociale, è ben sottolineato che

> «La solidarietà conferisce particolare risalto all'intrinseca socialità della persona umana, all'uguaglianza di tutti in dignità e diritti, al comune cammino degli uomini e dei popoli verso una più convinta unità. Mai come oggi c'è stata una consapevolezza tanto diffusa del legame di interdipendenza tra gli uomini e i popoli, che si manifesta a qualsiasi livello».[99]

La percezione della vicendevole dipendenza porta ogni uomo a sentirsi eticamente responsabile del bene di ogni altro uomo: la solidarietà, dunque, non è «un sentimento di vaga compassione o di superficiale intenerimento per i mali di tante persone, vicine o lontane» ma si presenta «sotto due aspetti complementari: quello di principio sociale e quello di virtù morale».[100]

La solidarietà dev'essere compresa

> «nel suo valore di principio sociale ordinatore delle istituzioni, in base al quale le "strutture di peccato" che dominano i rapporti tra le persone e i popoli, devono essere superate e trasformate

---

[98] TARCISIO BERTONE, *Il contributo di Joseph Ratzinger-Benedetto XVI alla riflessione etica sull'economia odierna*, Lectio Magistralis all'Apertura del Centro Universitario di Studi del pensiero di Joseph Ratzinger – Benedetto XVI, Bygdoszcz, 11 giugno 2012.

[99] PONTIFICIO CONSIGLIO DELLA GIUSTIZIA E DELLA PACE, «*Compendio della dottrina sociale della Chiesa*», op. cit., par. n. 192.

[100] *Ibidem*, par. n. 193.

in strutture di solidarietà, mediante la creazione o l'opportuna modifica di leggi, regole del mercato, ordinamenti».[101]

In quanto "virtù morale» la solidarietà rappresenta

> «la determinazione ferma e perseverante di impegnarsi per il bene comune: ossia per il bene di tutti e di ciascuno, perché tutti siamo veramente responsabili di tutti».[102]

Dal principio di solidarietà dovrebbe discendere per ciascun uomo, per tutti gli uomini, la consapevolezza del debito che hanno nei confronti della società entro la quale sono inseriti:

> «sono debitori di quelle condizioni che rendono vivibile l'umana esistenza, come pure di quel patrimonio indivisibile e indispensabile, costituito dalla cultura, dalla conoscenza scientifica e tecnologica, dai beni materiali e immateriali, da tutto ciò che la vicenda umana ha prodotto. Un simile debito va onorato nelle varie manifestazioni dell'agire sociale, così che il cammino degli uomini non si interrompa, ma resti aperto alle generazioni presenti e a quelle future, chiamate insieme, le une e le altre, a condividere, nella solidarietà, lo stesso dono».[103]

Papa Francesco ha ben sottolineato il fatto che la solidarietà è il fondamento della fiscalità:

> «Oggi si attuano molteplici iniziative, pubbliche e private, per combattere la povertà. E tutto ciò, da una parte, è una crescita in umanità. Nella Bibbia i poveri, gli orfani, le vedove, gli "scarti" della società di quei tempi, erano aiutati con la decima e la spigolatura del grano. Ma la gran parte del popolo restava povero, quegli aiuti non erano sufficienti a sfamare e a curare tutti. Gli "scarti" della società restavano molti. Oggi abbiamo inventato altri modi per curare, sfamare, istruire i poveri, e alcuni dei semi della Bibbia sono fioriti in istituzioni più efficaci di quelle antiche. La ragione delle tasse sta anche in questa solidarietà, che viene negata dall'evasione ed elusione fiscale, che, prima di essere atti illegali sono atti che negano la legge basilare della vita: il reciproco soccorso».[104]

L'attualizzazione del principio di solidarietà in ambito fiscale emerge con evidenza in quella che è considerata la «norma cardine» del nostro sistema tributario, cioè l'art. 53 della nostra Costituzione repubblicana. La prevalente e più autorevole dottrina tributaria italiana, infatti, è concorde nell'individuare una duplice funzione dell'art. 53:

> «una funzione solidaristica, laddove chiama tutti i consociati a concorrere alle spese pubbliche, necessarie alla stessa sopravvivenza, nonché al progresso dell'intera comunità in base alla forza economica di ciascuno; ma anche una funzione garantista, laddove pone dei limiti alla potestà

---

[101] *Ibidem,* par. n. 193.

[102] *Ibidem,* par. n. 193.

[103] *Ibidem,* par. n. 195.

[104] PAPA FRANCESCO, *Discorso ai partecipanti all'incontro "Economia di Comunione"*, promosso dal Movimento dei Focolari, 4 febbraio 2017

tributaria chiamando al concorso solo coloro che hanno una effettiva capacità di contribuzione, nella misura e nei limiti della stessa».[105]

Il principio della progressività affermato al secondo comma dell'art. 53, imponendo ai cittadini più abbienti un sacrificio patrimoniale percentualmente maggiore di quello richiesto ai soggetti meno dotati

> «conferisce al sistema fiscale un compito non solo contributivo ma anche redistributivo delle ricchezze fra i cittadini, in attuazione del principio di solidarietà sancito dall'art. 2 Cost., quanto del principio di uguaglianza sostanziale affermato dal secondo comma dell'art. 3».[106]

3.2.4 *Il principio di sussidiarietà*

Il principio di sussidiarietà è un asse portante dell'insegnamento sociale della Chiesa e, a livello di attualizzazione, anche fiscale, perché in grado di fornire concreti orientamenti nella soluzione dei problemi che le vicende storiche sottopongono all'uomo e alla società.

Il suo nome deriva dal termine latino *subsidium* che vuol dire rinforzo, aiuto, sostegno, soccorso. Il principio di sussidiarietà afferma che

> «è illecito togliere agli individui ciò che essi possono compiere con le forze e l'industria propria per affidarlo alla comunità, così è ingiusto rimettere a una maggiore e più alta società quello che dalle minori e inferiori comunità si può fare. Ed è questo insieme un grave danno e uno sconvolgimento del retto ordine della società; perché l'oggetto naturale di qualsiasi intervento della società stessa è quello di aiutare in maniera suppletiva le membra del corpo sociale, non già distruggerle e assorbirle».[107]

Le istituzioni sociali sono molte, il principio di sussidiarietà sostiene che quelle più vicine alla persona, cioè quelle di livello inferiore devono essere aiutate da quelle di livello superiore a svolgere il loro compito senza sostituirsi a loro. Ciò perché principio, soggetto e fine della società è la persona e, dunque, devono essere valorizzate e non eliminate le società intermedie e naturali le quali, in quanto più vicine alla perso-

---

[105] GASPARE FALSITTA, *Manuale di diritto tributario - Parte Generale*, Edizioni Cedam, Padova, 1999, pag. 143. Si veda anche: FRANCESCO MOSCHETTI, *Il principio della capacità contributiva,* Edizioni Cedam, Padova, 1973.

[106] *Ibidem,* pag. 144

[107] PONTIFICIO CONSIGLIO DELLA GIUSTIZIA E DELLA PACE, *Compendio della dottrina sociale della Chiesa*, op. cit., par. n. 186.

na, sono «più umanizzanti», meno anonime, meno burocratizzate, valorizzano maggiormente il senso di appartenenza e favoriscono la partecipazione attiva.

In base al principio di sussidiarietà il Compendio puntualizza come «tutte le società di ordine superiore devono porsi in atteggiamento di aiuto (*subsidium*) - quindi di sostegno, promozione, sviluppo - rispetto alle minori. In tal modo, i corpi sociali intermedi possono adeguatamente svolgere le funzioni che loro competono, senza doverle cedere ingiustamente ad altre aggregazioni sociali di livello superiore, dalle quali finirebbero per essere assorbiti e sostituiti e per vedersi negata, alla fine, dignità propria e spazio vitale».[108]

Il principio di sussidiarietà ha ricevuto un'ulteriore specificazione, anche per quel che concerne l'ambito della fiscalità, con la lettera enciclica *Caritas in Veritate*:

> «Manifestazione particolare della carità e criterio guida per la collaborazione fraterna di credenti e non credenti è senz'altro il *principio di sussidiarietà*, espressione dell'inalienabile libertà umana. La sussidiarietà è prima di tutto un aiuto alla persona, attraverso l'autonomia dei corpi intermedi. Tale aiuto viene offerto quando la persona e i soggetti sociali non riescono a fare da sé e implica sempre finalità emancipatrici, perché favorisce la libertà e la partecipazione in quanto assunzione di responsabilità. La sussidiarietà rispetta la dignità della persona, nella quale vede un soggetto sempre capace di dare qualcosa agli altri. Riconoscendo nella reciprocità l'intima costituzione dell'essere umano, la sussidiarietà è l'antidoto più efficace contro ogni forma di assistenzialismo paternalista. Essa può dar conto sia della molteplice articolazione dei piani e quindi della pluralità dei soggetti, sia di un loro coordinamento».[109]

Ogni forma di accentramento, di assistenzialismo, di burocratizzazione dei rapporti, l'eccessiva presenza dello Stato e dell'apparato pubblico, dunque, sono manifestazioni che mortificano il principio di sussidiarietà poiché per tale via si «provoca la perdita di energie umane e l'aumento esagerato degli apparati pubblici, dominati da logiche burocratiche più che dalla preoccupazione di servire gli utenti, con enorme crescita delle spese».[110]

Il principio di sussidiarietà è comunque soggetto al criterio di discernimento del «bene comune correttamente inteso, le cui esigenze non dovranno in alcun modo es-

---

[108] *Ibidem,* par. n. 186.

[109] BENEDETTO XVI, lett. enc. *Caritas in Veritate*, 29 giugno 2009, par. n. 57.

[110] PONTIFICIO CONSIGLIO DELLA GIUSTIZIA E DELLA PACE, *Compendio della dottrina sociale della Chiesa,* op. cit., par. n. 187.

sere in contrasto con la tutela e la promozione del primato della persona e delle sue principali espressioni»[111] e «*va mantenuto strettamente connesso con il principio di solidarietà e viceversa*, perché se la sussidiarietà senza la solidarietà scade nel particolarismo sociale, è altrettanto vero che la solidarietà senza la sussidiarietà scade nell'assistenzialismo che umilia il portatore di bisogno».[112]

Per quel che concerne l'ambito fiscale, Benedetto XVI ha intravvisto nel principio di sussidiarietà una modalità concreta per la crescita economica e sociale delle nazioni:

> «Una possibilità di aiuto per lo sviluppo potrebbe derivare dall'applicazione efficace della cosiddetta sussidiarietà fiscale, che permetterebbe ai cittadini di decidere sulla destinazione di quote delle loro imposte versate allo Stato. Evitando forme particolaristiche, ciò può essere di aiuto per incentivare forme di solidarietà sociale dal basso, con ovvi benefici anche sul versante della solidarietà per lo sviluppo».[113]

L'attualizzazione del principio, dunque, impone in primo luogo la promozione effettiva del primato della persona e della famiglia, «prima e vitale cellula della società», e la valorizzazione delle associazioni e delle organizzazioni intermedie; solo in un secondo momento, constatata l'impossibilità dei corpi intermedi ad assumere autonomamente le iniziative, lo Stato può intervenire con funzioni di supplenza al fine di rimuovere le cause di impedimento e di squilibrio ricreando le condizioni di uguaglianza, di giustizia e di pace.

La coniugazione della sussidiarietà, in altre parole, caratterizza l'articolazione pluralistica della società, incoraggia l'iniziativa privata, attua il decentramento burocratico e amministrativo, è espressione di un corretto equilibrio tra sfera pubblica e quella privata favorendo la «funzione sociale del privato» cioè la «responsabilizzazione del cittadino nel suo "essere parte" attiva della realtà politica e sociale del Paese».[114]

In sintesi, si può affermare che il principio di sussidiarietà postula una società partecipativa in cui le persone o i gruppi siano realmente corresponsabili e solidali, ciò

---

[111] *Ibidem*, par. n. 187.

[112] BENEDETTO XVI, lett. enc. *Caritas in Veritate*, 29 giugno 2009, par. n. 58.

[113] *Ibidem*, par. n. 60.

[114] PONTIFICIO CONSIGLIO DELLA GIUSTIZIA E DELLA PACE, *Compendio della dottrina sociale della Chiesa*, op. cit., par. n. 187.

in quanto affonda le sue radici nel primato della persona e nella natura sociale della persona. Tali radici implicano che:

- Le comunità abbiano come unico scopo il dare aiuto – *subsidium* – ai singoli individui nell'assunzione di personali responsabilità per la propria autorealizzazione poiché ciascun uomo è se stesso attraverso l'altro e ciascuno possa essere il più pienamente possibile ciò che è affinché lo possano essere anche gli altri;
- Le società cosiddette maggiori o superiori esistano per assolvere ruoli sussidiari nei confronti delle comunità cosiddette minori o inferiori, senza prevaricazioni ma nel rispetto della loro natura e dei loro compiti, impegnandosi a supplire alle loro deficienze in vista della loro emancipazione;
- Il principio sia valido per qualunque società, anche se richiede di essere attualizzato in funzione della natura di ogni comunità e delle circostanze storiche in cui essa si trova a vivere.

La sussidiarietà, inoltre, presuppone due livelli di articolazione: uno verticale, discendente e ascendente, e l'altro orizzontale.

L'articolazione verticale «discendente» presuppone che le società maggiori diano *subsidium* a tutte le società inferiori che rientrano nelle loro sfera di competenza affinché realizzino pienamente i loro fini. Il livello verticale «ascendente», invece, presuppone che le società inferiori siano tenute a dare il proprio contributo per la realizzazione degli obiettivi delle società maggiori, cioè del bene comune regionale, nazionale, internazionale.

L'articolazione orizzontale implica che ogni società è chiamata a riconoscere, rispettare e aiutare in modo complementare le società appartenenti al proprio livello.

Nell'ambito della fiscalità l'applicazione del principio di sussidiarietà consentirebbe

> «di superare quella forma perversa di *governance* per cui il monopolio pubblico sulla decisione di spesa relativa ai servizi sociali ha spesso favorito gli interessi dei fornitori (burocrati, sindacalisti, etc.) anziché quelli dei destinatari. È innegabile infatti che una rendita di posizione ha protetto dalla concorrenza i fornitori dei servizi, che spesso hanno utilizzato l'apparato a loro vantaggio, mentre i destinatari del servizio non hanno avuto alcuna voce in capitolo. Questo assetto poteva ancora risultare tollerabile quando il sistema riusciva comunque a garantire protezione

sociale. Oggi di fronte alle nuove, forti esigenze di ridimensionamento della spesa pubblica e ai paradossi sopra evidenziati, si apre la necessità di un ripensamento del catalogo stesso dei diritti sociali».[115]

Ripensamento che secondo gli autori può essere costruito sulla base del principio di sussidiarietà che coinvolga anche l'ambito fiscale mediante, ad esempio, il diritto all'esenzione fiscale del *familienexistenzminimum* (cioè dell'importo di reddito ritenuto minimo necessario per il mantenimento della famiglia); il diritto all'esenzione fiscale delle spese che attengono ai bisogni dell'esistenza o che sono attinenti i compiti primari e istituzionali della famiglia (vedi ad esempio le spese per la salute, i costi per l'istruzione); il diritto a imprimere una specifica destinazione di una parte delle imposte (vedi ad esempio il cinque per mille o l'otto per mille); il diritto alla libertà di scelta tra servizio pubblico e servizio privato (e qualora si scelga il servizio privato, la restituzione di quota parte delle imposte che teoricamente sono state versate per il sostenimento del pubblico, come nel caso del buono-scuola).

3.2.5 *L'interrelazione fra i quattro principi fondamentali*

I quattro principi fondamentali che costituiscono l'ossatura, il fulcro, il nucleo fondante del Magistero sociale della Chiesa sono tra loro interconnessi e intrecciati a tal punto che il richiamo di uno attira, coinvolge necessariamente anche gli altri.

Al riguardo è suggestiva un'immagine offerta da Benedetto XVI ai partecipanti all'assemblea plenaria della Pontificia Accademia delle Scienze Sociali.[116]

Avendo a mente che le definizioni di dignità umana («valore intrinseco della persona creata a immagine e somiglianza di Dio e redenta in Cristo»), di bene comune («insieme delle condizioni sociali che permettono alle persone di realizzarsi collettivamente e individualmente»), di solidarietà («virtù che permette alla famiglia umana di condividere in pienezza il tesoro nascosto dei beni materiali e spirituali») e di sussidiarietà («coordinamento delle attività della società a sostegno della vita interna

---

[115] IGNAZIO MUSU E LUCA ANTONINI, *Sussidiarietà versus equità? Un mito da sfatare*, sta in www.sussidiarieta.net/files/Pdf/022006/Musu.pdf

[116] Benedetto XVI, *Discorso ai partecipanti all'assemblea plenaria della Pontificia Accademia delle Scienze Sociali*, Roma 3 maggio 2008, sta in http://www.vatican.va/holy_father/benedict_xvi/speeches/2008/may/documents/hf_ben-xvi_spe_20080503_social-sciences_it.html

delle comunità locali») possono essere comprese nel loro profondo significato «solo se vengono collegate organicamente le une alle altre e considerate di sostegno reciproco».

Ebbene, avvalendosi della ben nota rappresentazione matematica denominata «sistema di riferimento cartesiano», Benedetto XVI suggerisce di «tratteggiare le interconnessioni fra questi quattro principi ponendo la dignità della persona nel punto di intersezione di due assi, uno orizzontale, che rappresenta la "solidarietà" e la "sussidiarietà", e uno verticale, che rappresenta il "bene comune". Ciò crea un campo su cui possiamo tracciare i vari punti della dottrina sociale della chiesa che formano il bene comune».[117]

Il Papa è conscio che la realtà è molto più complessa di quanto l'analogia grafica possa suggerire: «le profondità insondabili della persona umana e la meravigliosa capacità dell'umanità di comunione spirituale, realtà queste pienamente dischiuse solo attraverso la rivelazione divina, superano di molto la possibilità di rappresentazione schematica». L'esame dei principi di solidarietà e sussidiarietà, invero, non sono semplicemente orizzontali:

> «entrambi possiedono un'essenziale dimensione verticale. Gesù ci esorta a fare agli altri ciò che vorremmo fosse fatto a noi (cfr *Lc* 6, 31), ad amare il nostro prossimo come noi stessi (cfr *Mt* 22, 35). Questi comandamenti sono iscritti dal Creatore nella natura stessa umana (cfr *Deus caritas est*, n. 31). Gesù insegna che questo amore ci esorta a dedicare la nostra vita al bene degli altri (cfr *Gv* 15, 12-13). In questo senso la solidarietà autentica, sebbene cominci con il riconoscimento del *pari* valore dell'altro, si compie solo quando metto volontariamente la mia vita al servizio dell'altro (cfr *Ef* 6, 21). Questa è la dimensione "verticale" della solidarietà: sono spinto a farmi *meno* dell'altro per soddisfare le sue necessità (cfr *Gv* 13, 14-15), proprio come Gesù "si è umiliato" per permettere agli uomini e alle donne di partecipare alla sua vita divina con il Padre e lo Spirito (cfr *Fil* 2, 8; *Mt* 23, 12)».[118]

Anche la sussidiarietà si coniuga in una dimensione verticale poiché incoraggia gli uomini ad instaurare «rapporti donatori di vita con quanti sono loro più vicini». Per Benedetto XVI

> «una società che onora il principio di sussidiarietà libera le persone dal senso di sconforto e di disperazione, garantendo loro la libertà di impegnarsi reciprocamente nelle sfere del commercio,

[117] *ibidem*
[118] *ibidem*

della politica e della cultura (cfr *Quadragesimo anno*, n. 80). Quando i responsabili del bene comune rispettano il naturale desiderio umano di autogoverno basato sulla sussidiarietà lasciano spazio alla responsabilità e all'iniziativa individuali, ma, soprattutto, lasciano spazio all'*amore* (cfr *Rm* 13, 8; *Deus caritas est,* n. 28), che resta sempre la "via migliore di tutte" (*1Cor* 12, 31)».[119]

L'invito di Benedetto XVI, quindi, è di sondare in profondità le dimensioni «verticale» e «orizzontale» della solidarietà e della sussidiarietà al fine di individuare e poter proporre modalità più efficaci per la risoluzione dei molteplici problemi che attanagliano l'umanità alle soglie di questo terzo millennio.

3.3 La giustizia fiscale nella Dottrina Sociale della Chiesa

Come già evidenziato in precedenza, il Magistero della Chiesa tratta delle problematiche inerenti alla natura e la funzione della potestà tributaria dello Stato e, quindi, dei profili etici che ne derivano in capo ai singoli consociati, nell'ambito delle analisi sociali ed economiche di più ampio respiro; non mancano tuttavia interventi mirati sul tema.

Il punto di partenza è rappresentato dal principio per cui il potere d'imposizione esprime la legittima autorità dello Stato al quale è devoluto il compito di assicurare l'ordine, la libertà e i diritti dell'individuo e di attuare il bene comune: «La convivenza fra gli esseri umani non può essere ordinata e feconda se in essa non è presente un'autorità che assicuri l'ordine e contribuisca all'attuazione del bene comune in grado sufficiente».[120]

L'assolvimento di questi compiti, in particolare quello di concorrere all'attuazione del bene comune, attribuisce allo Stato legittimità morale:

> «La comunità politica e l'autorità pubblica hanno il loro fondamento nella natura umana e perciò appartengono all'ordine fissato da Dio, anche se la determinazione dei regimi politici e la designazione dei governanti sono lasciate alla libera decisione dei cittadini. Ne segue parimenti che l'esercizio dell'autorità politica, sia da parte della comunità come tale, sia da parte degli organismi che rappresentano lo Stato, deve sempre svolgersi nell'ambito dell'ordine morale, per il conseguimento del bene comune (ma concepito in forma dinamica), secondo le norme di un ordine giuridico già definito o da definire. Allora i cittadini sono obbligati in coscienza ad obbedire. Da

[119] *ibidem*
[120] Giovanni XXIII, lett. enc. *Pacem in Terris,* 11 aprile 1963, par. n. 26.

ciò risulta chiaramente la responsabilità, la dignità e l'importanza del ruolo di coloro che governano».[121]

L'autorità è esercitata legittimamente soltanto se ricerca il bene comune e se, per conseguirlo, usa mezzi (leggi) moralmente leciti; in caso contrario, la legge (anche quella in ambito fiscale) diventa ingiusta e non vincola in coscienza i cittadini. Soltanto le leggi finalizzate alla ricerca e all'attuazione del bene comune sono moralmente giuste e, quindi, moralmente vincolanti, poiché orientate al fine della «giustizia sociale», cioè all'obiettivo di ridurre le disuguaglianze fra gli uomini e a garantire a ciascun uomo dignità e pari opportunità per una piena realizzazione di se stessi: «è necessario che alla giustizia sociale si ispirino le istituzioni dei popoli, anzi di tutta la vita della società; e più ancora è necessario che questa giustizia sia davvero efficace, ossia costituisca un ordine giuridico e sociale a cui l'economia tutta si conformi»[122] ed è proprio della giustizia sociale «esigere dai singoli tutto ciò che è necessario al bene comune»[123], dunque anche i tributi.

All'interno di questo quadro la proprietà privata è riconosciuta quale diritto naturale e primario poiché costituisce prolungamento necessario della libertà umana e contribuisce alla piena espressione della persona e della sua famiglia. Ma l'esercizio della proprietà privata deve essere coerente e contemperato con il principio della destinazione universale dei beni in modo da esaltarne la funzione sociale.

Allo Stato, quindi, è assegnato il compito della giusta e corretta riallocazione delle risorse in vista della realizzazione di una maggiore equità sul piano economico e sociale. I tributi e l'ordinamento tributario rappresentano i principali strumenti al riguardo e il loro ruolo è chiaramente individuato nel Magistero sociale cattolico.

«Principio fondamentale in un sistema tributario informato a giustizia ed equità è che gli oneri siano proporzionati alla capacità contributiva dei cittadini»[124] con la precisazioni che «la politica economica attinente l'imposizione tributaria» sia oculata af-

[121] CONCILIO VATICANO II, Costituzione pastorale 7 dicembre 1965 *Gaudium et Spes*, par. n. 74.
[122] PIO XI, lett. enc. *Quadragesimo Anno,* 15 maggio 1931, par. n. 89.
[123] PIO XI, lett. enc. *Divini Redemptoris,* 19 marzo 1937, par. n. 51.
[124] GIOVANNI XXIII, lett. enc. *Mater et Magistra*, 15 maggio 1961 par. n. 120.

finché si possa «ottenere uno sviluppo economico in proporzioni armoniche»[125] e che «non è lecito allo Stato di aggravare tanto con imposte e tasse esorbitanti la proprietà privata da renderla quasi stremata».[126]

Il richiamo di Papa Giovanni XXIII alla capacità contributiva rinvia direttamente al principio sancito dall'art. 53 della nostra Costituzione repubblicana secondo cui «Tutti sono tenuti a concorrere alle spese pubbliche in ragione della loro capacità contributiva» cui segue la successiva e ben nota specificazione che «il sistema tributario è informato a criteri di progressività».

Il riferimento della *Mater et Magistra* al criterio di proporzionalità, peraltro, non intende di certo escludere l'adozione di tributi improntati al criterio della progressività i quali, almeno in teoria, riescono con maggior efficacia a modulare le imposte personali in ragione della situazione economica e patrimoniale di ciascun contribuente.

L'equità fiscale presuppone efficienza, trasparenza e semplicità degli ordinamenti tributari e delle organizzazioni preposte alla loro attuazione. Tali requisiti, infatti, «sono elementi essenziali per il superamento dell'etica individualistica», senza i quali, cioè, «difficilmente può ridursi il distacco e la diffidenza fra istituzione statale e contribuenti, che per alcuni rappresenta una giustificazione all'evasione e all'elusione fiscale»[127].

L'evasione fiscale è esplicitamente condannata dalla Chiesa, salvo ipotesi del tutto eccezionali:

> «La profonda e rapida trasformazione delle cose esige, con più urgenza, che non vi sia alcuno che, non prestando attenzione al corso delle cose e intorpidito dall'inerzia, si contenti di un'etica puramente individualistica. Il dovere della giustizia e dell'amore viene sempre più assolto per il fatto che ognuno, interessandosi al bene comune secondo le proprie capacità e le necessità degli altri, promuove e aiuta anche le istituzioni pubbliche e private che servono a migliorare le condizioni di vita degli uomini. Vi sono di quelli che, pur professando opinioni larghe e generose, tuttavia continuano a vivere in pratica come se non avessero alcuna cura delle necessità della società. Anzi molti, in certi paesi, tengono in poco conto le leggi e le prescrizioni sociali. Non pochi non si vergognano di evadere, con vari sotterfugi e frodi, le giuste imposte o altri obblighi socia-

---

[125] *Ibidem*, par. n. 119.
[126] PIO XI, lett. enc. *Quadragesimo Anno*, 15 maggio 1931 par. n. 49.
[127] U. GALMARINI – D.P. GIARDA, voce *Fisco* in *Dizionario di dottrina sociale della Chiesa. Scienze sociali e magistero*, Milano, 2004, pag. 318.

li».[128]

Solo in casi estremi può essere giustificabile l'inadempimento dell'obbligo tributario, quando cioè l'onere fiscale lede in misura significativa quella parte di reddito ritenuta vitale per la sussistenza in vita di sé e della propria famiglia:

> «Del resto, a tutti gli uomini spetta il diritto di avere una parte di beni sufficienti a sé e alla propria famiglia. Questo ritenevano giusto i Padri e dottori della Chiesa, i quali insegnavano che gli uomini hanno l'obbligo di aiutare i poveri, e non soltanto con il loro superfluo. Colui che si trova in estrema necessità, ha diritto di procurarsi il necessario dalle ricchezze altrui».[129]

Nell'enciclica *Deus caritas est* Benedetto XVI nel ribadire che «la giustizia è lo scopo e quindi anche la misura intrinseca di ogni politica»[130], dunque anche quella tributaria, ha ben evidenziato che l'amore, la *caritas*, sarà sempre necessario, anche nella società più giusta:

> «Non c'è nessun ordinamento statale giusto che possa rendere superfluo il servizio dell'amore. Chi vuole sbarazzarsi dell'amore si dispone a sbarazzarsi dell'uomo in quanto uomo [...] Lo Stato che vuole provvedere a tutto, che assorbe tutto in sé, diventa in definitiva un'istanza burocratica che non può assicurare l'essenziale cui l'uomo sofferente - ogni uomo - ha bisogno: l'amorevole dedizione personale. Non uno Stato che regoli e domini tutto è ciò che ci occorre, ma invece uno Stato che generosamente riconosca e sostenga, nella linea del principio di sussidiarietà, le iniziative che sorgono dalle diverse forze sociali e uniscono spontaneità e vicinanza agli uomini bisognosi di aiuto».[131]

A tutti i credenti, in particolare ai fedeli laici, spetta il compito di operare concretamente per un giusto ordine nella società, per una diffusa e sostanziale giustizia sociale ciò in quanto

> «come cittadini dello Stato sono chiamati a partecipare in prima persona alla vita pubblica. Non possono pertanto abdicare "alla molteplice e svariata azione economica, sociale, legislativa, amministrativa e culturale, destinata a promuovere organicamente e istituzionalmente il bene comune" (Christifideles laici, 42). Missione dei fedeli laici è pertanto configurare rettamente la vita sociale».[132]

Ciò implica, in ambito fiscale, che a un sistema tributario giusto, equo ed efficiente, si perviene solo a seguito di un impegno costante e di un'attiva partecipazione alla

---

[128] Concilio Vaticano II, cost. past. *Gaudium et Spes*, 7 dicembre 1965, par. n. 30.
[129] *Ibidem*, par. n. 69.
[130] Benedetto XVI, lett. enc. *Deus caritas est*, 25 dicembre 2005 par. n. 28.
[131] *Ibidem*, par. n. 28.
[132] *Ibidem*, par. n. 29.

vita pubblica di tutti i cittadini: dal momento del pagamento delle imposte a quello del controllo sulla gestione delle risorse pubbliche; dal momento propositivo e ideativo di ciò che serve ed è utile al bene comune in quel momento storico e realtà sociale a quello politico-elettorale in cui vengono scelti i rappresentanti incaricati a concretizzare tali obiettivi.

Con l'enciclica *Caritas in veritate*, Benedetto XVI insiste sulla prospettiva di una giustizia sociale - della quale la giustizia fiscale è parte integrante e fondamentale - fondata sulla dignità della persona e su principi etici in grado di orientare le scelte e i comportamenti dei cittadini e dei governanti. Evidenzia a tal fine il punto di vista della fraternità e delle reciprocità, cioè una prospettiva delle relazioni umane fondate sulla solidarietà in cui si superino i concetti di giustizia equivalenti al «dare per avere» e al «dare per dovere». In altre parole, non è capace di futuro la società in cui si dissolve il principio di fraternità, non può esistere progresso per quella società in cui esiste solamente il «dare per avere» (visione liberal – individualista del mondo in cui tutto o quasi tutto è scambio) oppure il «dare per dovere» (visione stato centrica della società in cui tutto o quasi tutto è doverosità).

Anche in ambito tributario, dunque, sia per quel che riguarda il fronte del pagamento delle imposte, sia per quel che concerne la gestione delle risorse, la «questione fiscale» potrà essere affrontata e risolta soltanto inserendo nel circuito i principi di fraternità e di gratuità, cioè anche le «tasse sono un dono».

3.4 «Sulla questione fiscale. Contributo alla riflessione» della Commissione diocesana di Milano "Giustizia e Pace"

Verso la fine di maggio del 2000 la Commissione Giustizia e Pace della Diocesi di Milano ha reso pubblico, dopo circa quattro anni di lavoro, il documento «Sulla questione fiscale - Contributo alla riflessione» con la finalità di offrire criteri di discernimento per una matura coscienza fiscale e per un fisco più equo ed efficiente.

> «Il documento intende essere una riflessione di natura prevalentemente etico-pastorale e, per così dire, uno strumento di promozione di ciò che potremmo chiamare sapienza civica. La posizione che ogni cittadino assume riguardo alla contribuzione fiscale è, infatti, alla radice del suo senso

di appartenenza concreta a una comunità; a loro volta le istituzioni che governano quest'ultima non possono essere percepite come giuste senza una buona politica fiscale. L'equità e sostenibilità del sistema fiscale è, insomma, un fattore basilare del riconoscimento della legittimità materiale dell'assetto sociale e politico».[133]

Il fisco rappresenta «il centro nevralgico» delle moderne organizzazioni statali, ma solo un «buon fisco è condizione necessaria affinché una società possa svilupparsi come adulta e solidale e affinché il bene pubblico possa essere perseguito realisticamente e correttamente».[134]

Un buon sistema fiscale produce effetti e conseguenze positive in tutti gli ambiti della società:

- In economia «sollecita l'imprenditorialità, incentiva la formazione del risparmio da parte degli individui e delle famiglie, è elemento cruciale per una stabile crescita del reddito e per l'occupazione»;
- Sulla società «è sostegno concreto a tutto ciò che è orientato al bene comune» ed è anche «garanzia di benessere e concordia sociale»;
- In politica favorisce «il rendimento positivo delle istituzioni politiche, l'efficiente funzionamento dell'amministrazione, l'efficacia dell'azione di governo».

«In ogni convivenza civile, il fisco rappresenta uno dei ponti più importanti tra il presente e il futuro, tra le generazioni di oggi e di domani. Proprio per questo, il fisco è un vero e proprio pubblico bene. Di conseguenza, rispetto ad esso, non sono ammissibili e giustificabili né l'evasione né l'elusione».[135]

Ma quando un sistema fiscale può essere considerato buono? Quali le caratteristiche che lo qualificano tale? Dal documento si ricava che un sistema fiscale può definirsi "buono" quando sono compresenti le seguenti caratteristiche:

- Equità: un sistema fiscale è equo «quando, da una parte, fa sì che individui e gruppi identici o simili vengano trattati in maniera la più possibile uguale o analoga e, dall'altra, che chi è in grado di sostenere un sacrificio più elevato contribuisca in

[133] COMMISSIONE DIOCESANA GIUSTIZIA E PACE DELLA DIOCESI DI MILANO, *Sulla questione fiscale. Contributo alla riflessione*, op. cit., par. n. 2
[134] *Ibidem*, par. n. 4
[135] *Ibidem,* par. n. 5

proporzione, secondo criteri ragionevolmente progressivi, a ciò che è richiesto dal bene comune dell'intera collettività»;

- Efficienza: «quando distorce il meno possibile l'allocazione delle risorse derivante dalle scelte degli individui e delle imprese»;
- Semplicità amministrativa: intesa nel duplice versante della chiarezza e semplicità normativa e dei «costi contenuti della raccolta delle entrate»;
- Flessibilità: «quale capacità di reagire alle variazioni della congiuntura economica»;
- Trasparenza: sia per quel che concerne le modalità della raccolta, sia per quel che riguarda il fronte delle spese.

> «Un sistema fiscale efficiente ed equo è, pertanto, fondato sul contemperarsi del principio del beneficio e quello del sacrificio. In forza del primo, l'onere del cittadino contribuente viene stabilito così da correlare le imposte pagate al servizio ricevuto. In forza del secondo, il cittadino contribuente e i gruppi sociali o territoriali di cittadini-contribuenti sono consapevoli che, se pagano più di quanto ricevono, altri individui e gruppi ne traggono - in modo trasparente e il più possibile conforme all'equità e alla solidarietà - un beneficio da ciò che è stato pagato. Solo il contemperarsi del principio del beneficio e di quello del sacrificio fa sì che la contribuzione fiscale possa essere considerata come un aspetto e un gesto fondamentale dell'appartenenza alla cittadinanza, e non come elemento negativo di essa o addirittura limite non sopportabile per lo sviluppo delle potenzialità di una convivenza civile».[136]

Per contro, un fisco iniquo e inefficiente, se è causa di abbassamento progressivo del livello della moralità pubblica, pone in risalto anche una scarsa moralità personale:

> «Un fisco iniquo e inefficiente induce, infatti, ad assecondare con più facilità e senza troppe riserve propensioni all'evasione e all'elusione. Ma evasione ed elusione - quali che siano i pretesti, i presupposti, o magari le ragioni che le motivano - rispecchiano sempre il fatto che nelle coscienze dei cittadini si fa più forte la tentazione dell'etica individualista e non la consapevolezza del sistema fiscale come pubblico bene. Soprattutto nelle fasi in cui il sistema fiscale è sentito come sempre meno equo ed efficiente e, per conseguenza, più ampie e profonde si manifestano le critiche e le contestazioni nei suoi confronti, maggiore risulta in ciascun cittadino la propensione all'indulgenza, alla tolleranza e alla giustificazione nei riguardi dei propri comportamenti non conformi o addirittura contrari agli obblighi di cittadinanza. Un simile autogiustificazionismo è favorito dall'etica individualistica e, a sua volta, la rafforza, rischiando di aumentare e di rendere permanenti atteggiamenti di ostilità tra soggetti e gruppi sociali. Di conseguenza, ognuno guarda ai propri concittadini non già per condividere con loro bisogni, valori e aspettative, ma

136 *Ibidem,* par. n. 6

per avere di più o non avere di meno degli "altri". Tutti gli "altri" vengono valutati, quanto al dovere di contribuire fiscalmente, o in un'ottica astratta di rigore moralistico o secondo un falso realismo. Nel primo caso, sono considerati come inguaribilmente inclini a sottrarsi al dovere fiscale per addossarlo appunto ai più onesti; nel secondo caso, vengono visti come individui da apprezzare per le loro doti di furbizia e la loro capacità di trasgressione».[137]

In altre parole, evadere o eludere il fisco sono percepite come azioni del tutto indipendenti dal profilo complessivo del cittadino e della persona e si diffonde la convinzione che il fisco sia frutto di un arbitrio politico, cioè «come un sistema illiberale e fonte di crescenti ingiustizie: debole e accondiscendente nei confronti dei gruppi sociali più forti, prepotente con i gruppi sociali più fragili e meno protetti... si fa strada una sorta di invidia tra le varie cerchie sociali, che porta ad accentuare la rivendicazione più particolaristica ed egoistica degli interessi frazionali e a smarrire il senso di solidarietà».[138]

Da ciò discende il rischio che «ogni richiamo al dovere della contribuzione fiscale appaia soltanto come un'esortazione puramente retorica o, peggio ancora, come ammissione di impotenza di fronte alle iniquità e inefficienze del sistema fiscale».[139]

Il sistema fiscale di uno stato democratico ha il suo punto focale nel rapporto tra il singolo cittadino, le istituzioni politiche e gli altri cittadini: «Un sistema fiscale è tanto più efficiente ed equo quanto più ciascun elemento di questa relazione triangolare ha un'immagine di se stesso e degli altri elementi ispirata a un principio di imparzialità, e quanto più tale principio di imparzialità guida i rispettivi comportamenti concreti»; l'unica parzialità consentita è quella a favore dei cittadini che si trovano nelle condizioni più svantaggiate.

«È importante osservare che consentire tale "parzialità" risponde a una ragione "universalistica": riguarda, cioè, tutti e ciascuno, per l'oggi e per il domani. Ogni cittadino, infatti, viene a godere di una garanzia di reciprocità, nel caso sorgessero per lui stesso difficoltà nel soddisfacimento dei bisogni fondamentali. Pertanto, poiché al sacrificio immediato, che pur introduce una logica di "parzialità", corrisponde un potenziale beneficio futuro, il consentire questa "parzialità" non contraddice il principio dell'imparzialità. Anzi, lo rende concreto e sostanziale, poiché lo inserisce in un contesto più conveniente e affidabile per ciascuno e per tutti, in ordine alla tutela e al miglioramento delle opportunità di cittadinanza. Per una condizione di cittadinanza piena e au-

[137] *Ibidem*, par. n. 21
[138] *Ibidem*, par. n. 22
[139] *Ibidem*, par. n. 22

tentica, ogni persona è una risorsa in sé stessa. Come tale va effettivamente rispettata e promossa, anche sotto il profilo materiale. Per il conseguimento di questo scopo, è necessario - sebbene non sia sufficiente - che il sistema fiscale sia in grado di acquisire e ridistribuire quote del reddito prodotto in modo tale da favorire e garantire, realmente e senza eccezioni, la fruizione di quei beni e servizi che sono essenziali, qui e ora, alla dignità della persona. Nel contribuire al "ben essere" comune attraverso beni e servizi, il cittadino è rilevante come "produttore", prima e più che come "tributario". Egli non è, infatti, da considerare primariamente come il titolare - perché o detentore, o fornitore, o consumatore - di risorse da sottoporre a prelievo fiscale, bensì come il partecipante attivo alla produzione e alla crescita di risorse comuni che dovrebbero riguardare la cittadinanza nella sua totalità e ogni singolo membro della cittadinanza stessa. In questo modo, il cittadino si fa protagonista efficace e responsabile della realizzazione di condizioni per una vera appartenenza di ciascuno alla cittadinanza. A un rapporto di "appartenenza" va ricondotta anche la relazione tra cittadino e altri cittadini in quanto contribuenti fiscali. In forza della comune appartenenza, infatti, ciascun membro della convivenza civile non è separabile dagli altri, o ad essi contrapposto, nel concorrere alla creazione delle risorse, bensì è e deve essere solidale con loro nell'assumersi responsabilità condivise».[140]

Solo la consapevolezza che il sistema fiscale non è imposizione arbitraria o vessatoria ma positiva contribuzione alle condizioni del benessere proprio e altrui, può far sì che il fisco appaia un costo ragionevole e conveniente, cioè un costo a favore della buona convivenza presente e futura.

Il sistema fiscale, quindi, assumerà una legittimazione più credibile e condivisa se si mette al servizio della promozione delle risorse che la società è in grado di esprimere in tutte le sue articolazioni, all'interno, però, di una cornice ispirata ai principi di solidarietà e di sussidiarietà.

«In proposito, si potrebbe dire che, se il principio di solidarietà esprime la regola di una convivenza in cui la condizione dell'altro venga assunta come altrettanto degna della propria, il principio di sussidiarietà indica l'esigenza che nessuno si sostituisca all'altro indebitamente nella facoltà di progettare liberamente i fini dell'agire e di dotarsi dei mezzi per conseguirli. La sussidiarietà è quindi anzitutto valorizzazione della giusta autonomia, intesa come riconoscimento prioritario all'iniziativa dei cittadini e alle forme associate di base nelle quali essa si organizza».[141]

In questa prospettiva il fisco cesserà di proporsi e di essere percepito dai cittadini «come astratto meccanismo di esazione» e si presenterà come «strumento di promozione della ricchezza». Si creerà così «la coscienza diffusa del fisco come cassa comune, alla quale contribuire secondo le diverse possibilità e dalla quale attingere per i

---

[140] *Ibidem,* par. n. 23
[141] *Ibidem,* par. n. 33

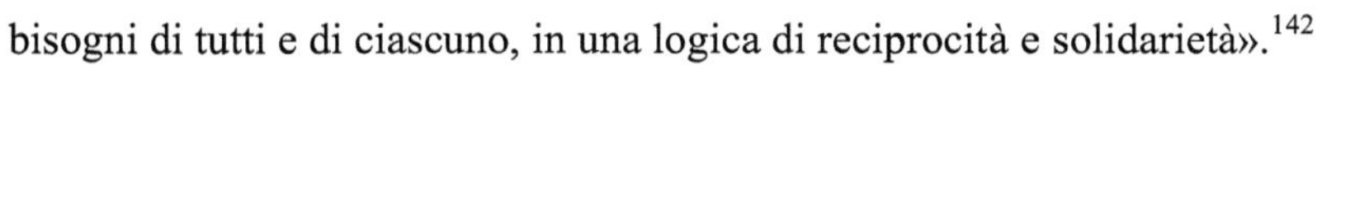

bisogni di tutti e di ciascuno, in una logica di reciprocità e solidarietà».[142]

[142] *Ibidem,* par. n. 3

Capitolo quarto
Riflessioni conclusive

Quanto fin qui evidenziato ci consente di svolgere alcune riflessioni conclusive che, seppur non definitive, possono rappresentare un punto di partenza per lo sviluppo di ulteriori piste di riflessione.

Nel corso della trattazione sono emerse alcune questioni a nostro avviso fondamentali a proposito del tema "questione fiscale". In particolare: qual è il rapporto tra il fisco, il cittadino e lo Stato? Cos'è il fisco? È un bene pubblico? È componente del bene comune o, come alcuni studiosi giungono a definirlo, è la cassa comune della comunità politica che si riconosce in una Nazione? Pagare le tasse, la lealtà fiscale, è soltanto un obbligo legale o nel rapporto contributivo tra cittadino e Stato vengono coinvolte anche altre dimensioni dell'appartenenza e di cittadinanza? Ma la lealtà fiscale è possibile? Quali possono essere le condizioni perché la *tax compliance* diventi un principio etico condiviso?

Ebbene, seppur per grandi cenni, nelle pagine che seguono si tenterà di formulare risposte convincenti o, quanto meno, piste di riflessione che favoriscano l'individuazione di soluzioni ragionevoli e condivise.

4.1 Il fondamento sociologico della fiscalità e il dovere legale di lealtà fiscale: il fisco come «bene pubblico»

La fiscalità non può essere rimossa, è parte integrante dello Stato, è connaturata all'esistenza di un'organizzazione statuale democratica.

Ogni sistema fiscale ha lo scopo di coprire l'inevitabile e necessario costo del funzionamento dell'assetto politico-amministrativo di cui ciascuna Nazione si è dotata e attraverso il quale viene assicurata la convivenza civile. Ogni ordinamento della convivenza civile ha – e non può non avere – un suo costo, spesso assai rilevante pur se variabile a seconda delle contingenze storiche, dei rapporti interni e internazionali della collettività, delle modalità d'azione della classe politica, delle aspettative della società e dei suoi membri, del modello che la comunità politica ha deciso di adottare.

In altre parole, lo Stato e le sue molteplici organizzazioni politico-amministrative necessitano di risorse economiche per perseguire i loro scopi contingenti. Tali risorse, se da un lato possono essere attinte da attività e/o gestione dei beni appartenenti al patrimonio pubblico, dall'altro lato – e in larga misura – non possono che provenire dai cittadini mediante il prelievo di tributi. Si può dire che il sistema tributario riveste un ruolo fondamentale per la vita di ogni Stato.

Da ciò discende un primo ordine di argomentazioni rispetto al tema in argomento: pagare le tasse è contribuire ad assicurare esistenza e continuità allo Stato, significa cioè essere parte attiva di una comunità organizzata, è l'apporto necessario per l'appartenenza economica, sociale e politica ad esso.

Il dovere di lealtà fiscale, dunque, è un dovere che, da un lato, ha un fondamento sociologico, esprime cioè il senso di appartenenza a una comunità politica strutturata e, dall'altro lato, è un dovere legale in quanto è l'adempimento ad un obbligo la cui fonte è la legge emanata dallo Stato al quale il cittadino appartiene, nel quale vive e del quale attivamente concorre alla strutturazione.

Il fisco, la fiscalità, il sistema tributario di ogni nazione, dunque, può essere qualificato come «bene pubblico», cioè bene a servizio di tutta la collettività affinché i rapporti politici, economici e sociali che la caratterizzano si possano svolgere in modo ordinato e nella prospettiva di uno sviluppo. In questo senso basti solo pensare alle molte funzioni basilari dello Stato che mediante il fisco possono efficacemente essere svolte quali, ad esempio, l'ordine pubblico, la difesa, il sistema giudiziario, le infrastrutture di comunicazione e di distribuzione delle fonti energetiche, i rapporti diplomatici con le altre nazioni e così via.

4.2 Il «Welfare State» e le funzioni redistributive dello Stato: il fisco come «bene comune»

A partire dalla prima metà del secolo scorso e con maggior forza dal secondo dopoguerra si è affermata e attuata la concezione dello «Stato sociale» («Welfare state» nell'accezione inglese), concezione socio-politica che ha inciso profondamente sia sull'assetto istituzionale degli stati occidentali, sia sul fronte delle prestazioni pubbliche, incidendo notevolmente sul rapporto diritti-doveri da e verso i cittadini.

Il "Welfare state», infatti, da un lato porta a compimento molti di quegli elementi fondamentali dello Stato che hanno caratterizzato l'evoluzione storica dell'organizzazione moderna del potere. Allo stesso tempo, però, introduce componenti nuove nel rapporto tra lo Stato e la società, accelerando i cambiamenti in atto e, talvolta, determinando trasformazioni originali sia nell'uno, sia nell'altra. In sostanza, lo Stato sociale se da un lato è la continuazione storica dello Stato moderno, di cui conserva i caratteri costitutivi, dall'altro lato ha contribuito a modificarlo spesso profondamente. Lungo tutto lo svolgimento dello Stato sociale cambia, infatti, il rapporto tra Stato e democrazia: da antagonista qual era nei confronti della democrazia (almeno in grandissima parte dei Paesi europei) lo Stato tende a con-fondersi con la democrazia stessa: «non si deve disconoscere che lo Stato sociale o sistema del Welfare - nella secolare evoluzione che l'ha condotto dalla funzione di argine alle potenziali rivendicazioni delle classi subalterne a quella di diffusione capillare dei frutti del benessere - ha realizzato un impasto fecondo tra i valori delle culture liberale, socialista e cattolica, diventando strumento di partecipazione sempre più allargata alla condizione della cittadinanza».[143]

Sul fronte delle prestazioni gli obiettivi perseguiti dal «Welfare state» sono fondamentalmente tre: assicurare un tenore di vita minimo a tutti i cittadini; dare sicurezza agli individui e alle famiglie in presenza di eventi naturali ed economici sfavorevoli di vario genere e consentire a tutti i cittadini di usufruire di alcuni servizi fondamentali, quali l'istruzione e la sanità. In estrema sintesi, lo stato sociale assicura gli individui contro una serie di rischi che trascendono la capacità individuale di copertura per trasferirla a carico del bilancio statale.

Tra gli strumenti tipici utilizzati dallo «Stato sociale» per perseguire i propri obiettivi si annoverano:

---

[143] Diocesi di Milano - Commissione diocesana Giustizia e Pace, *Sulla questione fiscale. Contributo alla riflessione*, op. cit., par. n. 31.

a) le corresponsioni di sussidi in denaro nelle fasi non occupazionali del ciclo vitale (vecchiaia, maternità, assistenza a figli o familiari in stato di particolare bisogno) e nelle situazioni di incapacità lavorativa determinate da malattia, invalidità, disoccupazione, ecc.;

b) l'erogazione di servizi in natura, in particolare nei settori dell'istruzione ad ogni stato e grado, dell'assistenza sanitaria e sociale, dell'abitazione, ecc.;

c) la concessione di benefici fiscali a fronte di particolari situazioni familiari (carichi di famiglia, spese mediche e/o per protesi, l'acquisto di un'abitazione o la manutenzione straordinaria della stessa, ecc.);

d) la regolamentazione normativa di alcuni aspetti dell'attività economica quali, ad esempio, la locazione di abitazioni a famiglie a basso reddito, l'obbligo di impiego di persone invalide, ecc.

Lo stato sociale, quindi, svolge nello stesso tempo funzioni redistributive, sia nel senso più ovvio di garantire a tutti il diritto alla sopravvivenza attraverso specifici interventi assistenziali, sia nel senso di assicurare un livello minimo di eguaglianza sociale mediante la predisposizione di criteri di accesso ai servizi che prescindano dalla capacità di pagamento individuale. Sotto questo aspetto lo stato sociale ha anche il compito di favorire l'integrazione sociale, evitando fenomeni di esclusione e creando condizioni in cui le opportunità di ascesa sociale siano in linea generale aperte a tutti.

Nel corso del tempo, gli interventi di questo tipo si sono via via sviluppati in connessione sia con l'evoluzione dei rapporti di solidarietà tra gli appartenenti al gruppo sociale, sia con l'andamento dello sviluppo economico e, quindi, con la crescente disponibilità di risorse da destinare a tale scopo, risorse che per grandissima misura non potevano che provenire dalla tassazione.

In questo contesto la fiscalità può essere qualificata con l'espressione di «bene comune» poiché il suo obiettivo è assicurare le risorse finanziarie necessarie affinché si realizzino «l'insieme di quelle condizioni della vita sociale che permettono sia alle collettività sia ai singoli membri di raggiungere la propria perfezione più pienamente e più celermente».[144] Alla luce di quest'ultimo profilo, dunque, pagare le tasse è moralmente doveroso poiché è un obbligo di giustizia contributiva che esige la cooperazione economica - tra cui anche quella fiscale - di tutti i cittadini al bene comune: «La nobiltà del fine (il bene comune) fa la nobiltà dell'atto (il tributo)».[145]

La contribuzione fiscale, quindi, è da intendersi come concorso attivo al processo di formazione e di redistribuzione delle risorse grazie alle quali promuovere i beni e i servizi della convivenza civile giusta ed equa in cui tutti gli uomini hanno pari opportunità di crescita e di sviluppo.

4.3 CITTADINANZA, APPARTENENZA, SOLIDARIETÀ, RECIPROCITÀ: IL FISCO COME «CASSA COMUNE»

Il sistema fiscale di ogni democrazia, inoltre, ha il suo perno nel rapporto tra il singolo cittadino, le istituzioni pubbliche e gli altri cittadini, rapporto che potremmo rappresentare come i tre vertici di un triangolo. Un sistema fiscale è tanto più equo ed efficiente quanto più ciascun elemento di questa relazione triangolare ha un'immagine di sé stesso e degli altri elementi ispirata a un principio di imparzialità e quanto più tale principio di imparzialità guida i rispettivi comportamenti concreti. In un siffatto contesto l'unica parzialità ammessa è quella che vede con occhio di riguardo quei cittadini che si trovano in condizioni svantaggiate al fine di consentire loro, da un lato, di vivere con dignità tale momento di difficoltà e, dall'altro lato, di ricreare quell'ambiente che consenta di ripartire sentendosi parte attiva della collettività.

È importante osservare che tale «situazione di svantaggio, momento di difficoltà» riguarda tutti e ciascuno, per l'oggi e per il domani, poiché ogni cittadino può trovarsi per i più svariati motivi in situazioni di difficoltà nel soddisfacimento dei bisogni fondamentali. In questo modo la parzialità risponde a ragione universalistica - ogni

[144] PONTIFICIO CONSIGLIO DELLA GIUSTIZIA E DELLA PACE, *Compendio della Dottrina Sociale della Chiesa*, op. cit., n. 164.
[145] MAURO COZZOLI, *Non per convenienza ma per coscienza*, op. cit.

persona è risorsa in sé stessa - e adotta come principi distintivi la solidarietà e la reciprocità.

Il sistema fiscale, in questa accezione, è quel sistema che dev'essere in grado di acquisire e redistribuire quote del reddito prodotto dal sistema economico di un paese, in modo tale da favorire e garantire realmente la fruizione di quei servizi che sono essenziali, qui e ora, alla dignità della persona, di ogni persona. Mediante il sistema fiscale ogni cittadino contribuisce al «ben-essere» comune, cioè responsabilmente afferma la sua cittadinanza alla comunità a cui appartiene.

Un primo e fondamentale riscontro di tali principi e finalità del sistema fiscale lo si rinviene nei primi articoli della nostra Costituzione laddove esplicitamente si «riconosce e garantisce i diritti inviolabili dell'uomo, sia come singolo sia nelle formazioni sociali ove si svolge la sua personalità, e richiede l'adempimento dei doveri inderogabili di solidarietà politica, economica e sociale» (art. 2 Cost.), visione che è ulteriormente ribadita e rafforzata nel successivo articolo dove si afferma che «è compito della Repubblica rimuovere gli ostacoli di ordine di ordine economico e sociale che, limitando di fatto la libertà e l'eguaglianza dei cittadini, impediscono il pieno sviluppo della persona umana» (art. 3 Cost.).

La fiscalità, dunque, non deve servire solo per coprire le spese essenziali al funzionamento degli organi dello Stato; le tasse oggi devono principalmente servire ad assicurare a tutti i cittadini la tutela fondamentale dei diritti dell'uomo, diritti che non sono solo i tradizionali diritti di libertà (di espressione, di pensiero, di associazione, ecc.), ma anche i diritti a tutto ciò che è essenziale a una vita pienamente umana, a tutto ciò che è necessario perché la dignità umana sia sempre e in ogni situazione pienamente rispettata.

Pagare le tasse è espressione concreta di solidarietà, è partecipazione effettiva alla vita della società, è modalità efficace con la quale la ricchezza privata si coniuga con la sua funzione sociale.

Da questo angolo di visuale il fisco può essere visto come «cassa comune» della collettività alla quale tutti i cittadini, in una visione e con uno spirito di solidarietà e di reciprocità, contribuiscono in ragione delle proprie disponibilità (capacità contributiva) e dalla quale tutti possono attingere a seconda delle diverse situazioni di bisogno. Il fisco, quindi, diverrebbe uno strumento di promozione dello sviluppo e di una migliore distribuzione delle risorse e non più un «nemico» da combattere e da cui con ogni sotterfugio nascondersi.

L'idea, il concetto, la raffigurazione della fiscalità con l'espressione «cassa comune» evoca alla nostra memoria di credenti la testimonianza delle prime comunità cristiane, cioè di quelle comunità che hanno potuto godere della presenza degli apostoli e attraverso la loro testimonianza far risuonare nei loro cuori la voce di Gesù. In Atti degli Apostoli due sono i brani significativi al riguardo, il primo è riportato alla fine del secondo capitolo:

> «[42]Erano perseveranti nell'insegnamento degli apostoli e nella comunione, nello spezzare il pane e nelle preghiere. [43]Un senso di timore era in tutti, e prodigi e segni avvenivano per opera degli apostoli. [44]Tutti i credenti stavano insieme e avevano ogni cosa in comune; [45]vendevano le loro proprietà e sostanze e le dividevano con tutti, secondo il bisogno di ciascuno. [46]Ogni giorno erano perseveranti insieme nel tempio e, spezzando il pane nelle case, prendevano cibo con letizia e semplicità di cuore, [47]lodando Dio e godendo il favore di tutto il popolo. Intanto il Signore ogni giorno aggiungeva alla comunità quelli che erano salvati». (At 2,42-47)

La seconda testimonianza si trova negli ultimi versetti del quarto capitolo:

> «[32]La moltitudine di coloro che erano diventati credenti aveva un cuore solo e un'anima sola e nessuno considerava sua proprietà quello che gli apparteneva, ma fra loro tutto era comune. [33]Con grande forza gli apostoli davano testimonianza della risurrezione del Signore Gesù e tutti godevano di grande favore. [34]Nessuno infatti tra loro era bisognoso, perché quanti possedevano campi o case li vendevano, portavano il ricavato di ciò che era stato venduto [35]e lo deponevano ai piedi degli apostoli; poi veniva distribuito a ciascuno secondo il suo bisogno. [36]Così Giuseppe, soprannominato dagli apostoli Bàrnaba, che significa "figlio dell'esortazione", un levita originario di Cipro, [37]padrone di un campo, lo vendette e ne consegnò il ricavato deponendolo ai piedi degli apostoli». (At 4,32-37)

4.4 La lealtà fiscale è un «dovere di giustizia» e di solidarietà

Le leggi fiscali obbligano in coscienza e il dovere di lealtà fiscale, cioè l'obbligo dei cittadini di pagare le tasse, sorge direttamente dalla natura sociale della persona umana e dal rapporto con lo Stato da essi costituito. L'uomo è chiamato all'esistenza per vivere in relazione con gli altri in un atteggiamento di solidarietà e di condivisione. La presentazione della creazione dell'uomo che viene fatta nella Genesi è illuminante al riguardo. Ci parla di una persona umana irriducibile nella sua individualità e nella sua autocoscienza espressa nell'immagine e somiglianza con Dio (Gen 1,26) ma anche in relazione con gli altri sin dal primo momento: maschio e femmina li creò (Gen 1,27), «Non è bene che l'uomo sia solo» (Gen 2,18).

La prima solidarietà è quindi con Dio, che vuole l'uomo a sua immagine e somiglianza, a indicare un rapporto molto stretto con Lui e che gli affida il progetto di realizzare il suo disegno di amore sul mondo. Ma da questa solidarietà con Dio discende con immediatezza la solidarietà con gli altri in una vita di relazione. La persona è intrinsecamente un essere in relazione che si realizza appieno soltanto quando sa uscire da se stessa per donarsi agli altri, cioè impara a vivere in comunità nella dinamica del dare e ricevere. In altre parole, l'io viene alla vita e si sviluppa in un incessante rapporto con un tu, e cresce nella misura in cui si accrescono i suoi rapporti interpersonali in maniera autentica e coinvolgente.

Il racconto della discendenza dell'umanità da un'unica coppia primordiale insegna altresì che l'intero genere umano è chiamato a formare un'unica famiglia: la solidarietà e la condivisione, che sono espressioni primordiali e caratterizzanti all'interno di ogni famiglia, sono così chiamate a estendersi all'intera famiglia umana.

La vita sociale, le relazioni con gli altri cui ogni uomo è chiamato a vivere, si manifesta a livelli diversi: famiglia, società, stato, altre nazioni. La famiglia può realizzare pienamente i propri scopi soltanto con la partecipazione fattiva dei propri membri, ciascuno mettendo a frutto le proprie capacità e i suoi «talenti» in tutti gli ambiti, anche quelli economici. Lo stesso vale per la società civile la quale non può realizzare il proprio fine senza l'apporto concreto e fattivo, anche in termini di risorse economiche, di ciascuno dei suoi membri. Occorre dunque riconoscere un diritto della società e dell'autorità preposta alla sua conduzione a esigere contributi da parte dei propri cittadini.

Il vivere in una società, dunque, è un fatto essenziale per ogni uomo: siamo tutti dipendenti gli uni dagli altri per il nostro esistere, per il nostro operare nel mondo, per il nostro svilupparci. Ciò ci obbliga a prendere in considerazione non soltanto i nostri diritti ma anche i nostri doveri sia con riguardo al servizio che ciascuno di noi svolge all'interno della società, sia con riferimento all'appartenenza a una comunità nella quale le sofferenze e le fragilità di alcuni si riflettono e invocano l'aiuto di tutti. In un mondo in cui ci sappiamo sempre più interdipendenti le visioni individualistiche e/o contrattualistiche e/o utilitaristiche del rapporto dell'uomo con la società civile e, quindi, con gli altri uomini, non sono più in grado di dare senso e significato alla nostra esistenza.

Pagare le tasse, quindi, è un dovere di giustizia intesa non solo come giudizio concernente il rispetto della legge - la legalità come rispetto e osservanza delle leggi è una forma particolare di giustizia -, ma anche come affermazione concreta e quotidiana dell'uguaglianza di tutti i cittadini. Uguaglianza intesa come il rendere concretamente e quotidianamente fattibile che ciascuno possa accedere alle risorse necessarie per una vita degna di tale nome. L'uguaglianza non deve essere quindi coniugata come «il dare a tutti le stesse cose», ma riconoscere a ciascuno la medesima dignità di essere umano, di persona «creata a immagine e somiglianza di Dio».

La lealtà fiscale, l'adempimento spontaneo al dovere tributario senza inganni o frodi, è assicurare alla «cassa comune» la giusta quantità di risorse che consentano la pari dignità sociale, la tutela della salute di tutti e di ciascuno, l'accesso all'istruzione anche ai meno abbienti, gli interventi di sostegno a favore della vita (maternità) o nei momenti di fragilità (invalidità, inabilità, disoccupazione). Al «sacrificio» delle tasse si contrappone e prevale la «bontà» della finalità, cioè il perseguimento del bene comune. L'imposta, il tributo, dunque, può e deve venire inteso come la possibilità offerta a ciascun componente la società civile di "donare" puntualmente ed equamente qualcosa della propria ricchezza, affinché possa crescere il bene comune attraverso servizi, infrastrutture, strumenti e opportunità che la stessa società mette equamente a disposizione di tutti: «La sottomissione all'autorità e la corresponsabilità nel bene comune comportano l'esigenza morale del versamento delle imposte, dell'esercizio del diritto di voto, della difesa del paese».[146]

Pagare lealmente e puntualmente le tasse potrebbe anche non essere piacevole ma è necessario, non sarà forse «bellissimo» ma certamente è «utile» perché a beneficio di tutti, di certo è un atto di giustizia.

La lealtà fiscale è un dovere di giustizia. È un obbligo di «giustizia contributiva» con cui tutti (individui, imprese, enti, gruppi) concorrono al bene comune; è un diritto-dovere di «giustizia distributiva» mediante la quale ciascuno può beneficiare del bene comune secondo criteri di proporzionalità dettati dalle situazioni di bisogno e di necessità.

Sotto questo profilo l'evasore, cioè chi intenzionalmente dissimula, studiatamente nasconde al fisco la propria situazione reddituale e/o patrimoniale, non solo non versa la sua quota, ma la trattiene per sé, privando la comunità di quanto le appartiene per diritto e per giustizia.

L'evasione è dunque un «furto», è un «recare danno agli altri»: «Ogni modo di prendere e di tenere ingiustamente i beni del prossimo... è contrario al settimo comandamento... Sono pure moralmente illeciti... la frode fiscale, la contraffazione di assegni e di fatture... Arrecare volontariamente un danno alle proprietà private o pubbliche è contrario alla legge morale ed esige il risarcimento».[147] L'evasione è altresì un peccato perché rappresenta una delle molteplici manifestazioni del vizio di avarizia intesa nella forma di smodata ricerca di ricchezza a danno degli altri. Ciò implica il dovere della restituzione alla comunità della somma sottratta mediante l'evasione fiscale attuata.

In estrema sintesi si può ben affermare che l'evasione fiscale è frutto, fondamentalmente, di una visione drammaticamente distorta di che cos'è il "bene comune", del valore della "partecipazione" e del principio di "solidarietà", i quali, oltre che essere una delle fonti sorgive del Magistero sociale della Chiesa, sono posti a fondamento costituzionale del nostro Paese. Il contributo fiscale, la tax compliance, danno forma

[146] CATECHISMO DELLA CHIESA CATTOLICA, n. 2240.
[147] CATECHISMO DELLA CHIESA CATTOLICA, n. 2409.

concreta alla solidarietà e alla funzione sociale della ricchezza privata per cui "il ciascuno per sé" si collega "al ciascuno per gli altri".

La lealtà fiscale è un obbligo morale che ci fa più giusti al cospetto degli altri e della società e più santi al cospetto di Dio.

4.5 La prima «cifra» della fiscalità è l'uso delle risorse

Al dovere di giustizia del pagamento delle tasse deve necessariamente corrispondere da parte dello Stato l'impegno sia a dar vita a un sistema di tassazione giusto ed equo, sia a una corretta e trasparente gestione delle risorse pubbliche che per tale via sono confluite nelle "cassa comune". In altri termini, accanto al dovere di pagare le tasse sta l'altrettanto doveroso obbligo di gestire con equità, efficienza e massima trasparenza le risorse pubbliche. La prima «cifra» della fiscalità è il «come» della spesa pubblica, cioè le concrete modalità con cui lo Stato attua la «giustizia distributiva».

Merita quindi adeguata considerazione la critica che spesso si rivolge allo Stato a proposito del cattivo uso, dello sperpero, delle risorse derivanti dalla tassazione. Non si può, infatti, negare che un uso distorto delle risorse pubbliche è fonte di uno stato di disagio e di crescente disaffezione verso la cosa pubblica. La moltiplicazione della burocrazia; l'inefficienza dei servizi pubblici; l'ammontare scandaloso dei costi della politica; l'uso a fini «personali» o «clientelari» dei fondi pubblici; la pretesa di risorse in nome di rimborsi elettorali utilizzate per foraggiare egoismi e avidità di singoli e di gruppi unita all'arroganza di ritenere tali comportamenti un diritto; la creazione di enti spesso inutili al solo fine di «sistemare» persone che hanno avuto a che fare con la politica; l'aumento smisurato d'indennità a favore di chi ricopre incarichi pubblici; l'elargizione «a pioggia» di provvidenze e sostegni pubblici a soggetti non bisognosi; l'accesso ad agevolazioni e a regimi di favore verso gruppi di pressione economico-finanziari e molto altro ancora, sono tutti comportamenti che impediscono l'applicazione del principio di equità nell'accesso alla «cassa comune», negano cioè il rispetto dell'uguaglianza nella fase di soddisfazione dei diritti, tutto ciò con evidenti forti penalizzazioni nei confronti dei soggetti più deboli e più bisognosi.

Lo spreco del pubblico denaro è offesa verso tutti i componenti della comunità, in particolare è offesa ai poveri e ai deboli, a chi è senza lavoro o costretto a lavori precari e saltuari che non aprono scorci di speranza verso il futuro, a chi è bisognoso di cure e di assistenza e deve fare i conti con risicate pensioni o entrate reddituali, e molte altre situazioni di "nuova povertà" il cui elenco sarebbe molto lungo, ma che tutti ben conosciamo.

Le modalità di gestione della spesa pubblica, dunque, possono essere fonte di scandalo, pietra d'inciampo che per un verso incrina la fiducia dei cittadini nei confronti dello Stato e, per altro verso, favorisce un clima di legittimazione dell'evasione fiscale poiché quest'ultima verrebbe percepita quale strumento di «legittima difesa» contro le «angherie» del sistema pubblico.

Tali obiezioni possono avere, e spesso hanno, un fondamento di verità. Tuttavia lo scandalo che a ragione (molta) o a torto (ben poco) ne deriva dovrebbe indirizzare ogni persona, ciascun cittadino-contribuente, nella direzione delle riforme e non, invece, lungo la strada delle soluzioni individualiste e del «fai da te» come l'evasione fiscale.

L'evasione fiscale, infatti, «risolverebbe» la questione a livello individuale, sarebbe una scorciatoia solo per il singolo evasore, lasciando inalterato il vero problema e aggravando la posizione di tutti coloro che, non avendo la possibilità di evadere, si troverebbero ad affrontare un maggior carico fiscale al fine di sopperire alla carenza di risorse a causa degli evasori. Il livello di ingiustizia complessiva aumenterebbe notevolmente incrementando ulteriormente la corrosiva sfiducia verso le istituzioni pubbliche.

4.6 La partecipazione dei cittadini e i circuiti della rappresentanza

Il termine «pubblico» non può e non deve essere sinonimo di assistenzialismo, di sprechi parassitari, di inefficienze. Il termine pubblico, invece, deve coniugarsi con il «ben-essere comune», è una dimensione fondamentale di cui tutti i membri della comunità politica, nessuno escluso, deve potersi riappropriare, a partire dall'assunzione di una condivisa responsabilità nei confronti di ogni membro della comunità.

Le vie da percorrere, dunque, sono ben altre dalla giustizia «fai da te». La questione va reinserita nel circolo virtuoso della cittadinanza attiva e della partecipazione democratica alle scelte politiche, economiche e sociali del Paese. I canali di comunicazione tra società civile e mondo politico, tra cittadini e loro rappresentanti, vanno mantenuti sempre attivi. Ogni cittadino ha il diritto di essere informato e il dovere di informarsi sul gettito fiscale: la trasparenza dei dati tributari è connaturale all'appartenenza attiva a una comunità politica democratica. Altrettanto doverosa è la trasparenza riguardo ai modi di gestione e alle destinazioni delle risorse pubbliche: i cittadini devono poter chiaramente «leggere» e ben comprendere i dati riferiti alle spese pubbliche. I pubblici amministratori, peraltro preposti a tale ruolo dai cittadini stessi, devono rendere chiaro il movimento finanziario delle risorse pubbliche che compongono la «cassa comune».

La comunicazione, se da un lato favorisce la responsabilizzazione dei contribuenti verso «cassa comune», dall'altro lato, consente un dialogo franco e trasparente con i pubblici poteri in ordine alla destinazione delle risorse e all'individuazione delle concrete modalità mediante le quali tali risorse possono più efficacemente servire il «bene comune». Alla luce di questi principi la fiscalità è un fatto geneticamente politico, poiché concerne la definizione di bene comune e delle modalità per conseguirlo a beneficio di tutti.

In una comunità politica retta dai principi della democrazia parlamentare e della distinzione tra i poteri legislativo, esecutivo e giudiziario, gli strumenti a disposizione sono molti, tra questi il voto è lo strumento principe, sia sul versante del controllo che su quello della partecipazione, poiché consente di confermare il consenso verso chi ben opera e di punire chi si è dimostrato inadeguato, incapace o infedele. Il voto, in altre parole, consente la scelta di amministratori saggi e competenti, fedeli e onesti servitori del "ben-essere comune", anche e soprattutto con riguardo alla legislazione fiscale e di governo della spesa pubblica.

4.7 ALTRA «CIFRA» DELLA FISCALITÀ È UN «BUON FISCO»

Ribaditi i due principi etici di pagare le tasse e dell'affidabilità delle garanzie offerte dai pubblici amministratori riguardo al buon uso del denaro confluito nella «cassa comune», occorre richiamare un terzo principio non meno importante: le tasse e, in generale, la gestione della fiscalità siano informate all'equità: «Guai anche a voi, dottori della Legge, che caricate gli uomini di pesi insopportabili, e quei pesi voi non li toccate nemmeno con un dito!». (Lc 11, 46)

La questione fiscale in tutti i suoi aspetti e implicazioni non va vista solo dalla parte dei contribuenti, cioè di chi deve pagare le imposte, ma anche dal versante del legislatore e degli apparati amministrativi cui è devoluta l'applicazione delle norme tributarie.

Il legislatore, cioè l'insieme di persone e istituzioni deputate a formare le leggi, è chiamato ad elaborare giuste leggi di prelievo tributario, norme che impongano oneri fiscali improntati a criteri di reale ed effettiva capacità contributiva, leggi ispirate al principio della progressività anziché a quello della pura proporzionalità e improntate prevalentemente sul fronte del reddito anziché su quello dei consumi, specie quelli di prima necessità e quelli correlati alla tutela della salute. Il sistema normativo tributario, inoltre, dovrebbe essere informato a criteri di differenziazione dei beni tassabili secondo parametri di necessità/lusso, produzione/svago, profit/no profit, beneficio/nocività e così via.

Altrettanto importante è la concreta ed efficace applicazione del principio di sussidiarietà anche in ambito fiscale, «permetterebbe ai cittadini di decidere sulla destinazione di quote delle loro imposte versate allo Stato. Evitando degenerazioni particolaristiche, ciò può essere di aiuto per incentivare forme di solidarietà sociale dal basso, con ovvi benefici anche sul versante della solidarietà per lo sviluppo».[148]

L'insieme normativo tributario, inoltre, dovrebbe essere il più possibile semplice, chiaro, di facile applicazione, riducendo al minimo gli oneri amministrativi e buro-

[148] BENEDETTO XVI, lett. enc. *Caritas in veritate*, op. cit., n. 60

cratici imposti ai cittadini, evitando l'abuso di parametri presuntivi di accertamento. La legislazione fiscale, inoltre, dovrebbe essere composta da un numero ridotto di norme e possedere caratteri di stabilità dei principi e di durabilità temporale, possibilmente mediante la predisposizione di testi unici. L'accumulo di legislazione, i continui rinvii a leggi precedenti spesso formulati con disposizioni difficilmente comprensibili, il cambio delle regole fiscali in corso d'anno, costituisce un serio ostacolo alla comprensione e alla semplificazione, in ultima analisi, alla lealtà fiscale.

Le strutture pubbliche preposte alla gestione, all'applicazione e al controllo della legislazione fiscale devono essere efficienti, trasparenti, obiettive ed imparziali nell'applicazione delle norme, ponendosi a servizio del contribuente e non in antagonismo. Il cittadino va sempre aiutato nell'adempimento dei suoi doveri fiscali, anche quando dovesse aver commesso errori di interpretazione o essersi reso responsabile di omissioni. L'imposizione fiscale non va considerata solo nel suo momento privativo, ma anche nel suo momento positivo, dinamico. Le strutture pubbliche preposte all'attuazione della normativa fiscale rappresentano la prima faccia, gestiscono il primo impatto con il cittadino per cui è doveroso il controllo in ordine a distorsioni, disfunzioni, abusi, prevaricazioni e compressioni di libertà che possono verificarsi in tale ambito. Al dovere di lealtà fiscale cui è chiamato il contribuente deve altresì corrispondere il dovere di lealtà nella restituzione in tempi brevi e certi degli oneri fiscali pagati in eccedenza: alla certezza del tributo deve corrispondere altrettanta certezza del rimborso.

I garanti della legge, in particolare gli organi giurisdizionali chiamati a decidere riguardo alle istanze di giustizia invocate sia dai contribuenti che dagli uffici, devono favorire il rispetto delle leggi e decidere con obiettività e imparzialità, promuovendo nell'ambito delle loro competenze e autorevoli professionalità soluzioni giuste ed eque.

I consulenti fiscali, cioè l'universo dei professionisti che si interfaccia tra i contribuenti e l'amministrazione pubblica preposta alla gestione e riscossione dei tributi, svolgono un ruolo importante e di rilevanza strategica. Essi sono chiamati in prima battuta ad essere validi esperti e, quindi, a interpretare correttamente le norme, a renderle chiare e intellegibili ai contribuenti, ad aiutare questi ultimi a districarsi tra i diversi adempimenti amministrativi, contabili e finanziari previsti dalla legislazione. Il loro ruolo soggiace sia all'obbligo di suggerire sempre comportamenti improntati al principio della lealtà fiscale, sia a quello di farsi promotori dei suggerimenti e delle istanze di semplificazione e di chiarezza della normativa: chi meglio di loro può farsi animatore di tali istanze dato che quotidianamente si rapportano con le difficoltà, le perplessità e le opinioni dei contribuenti?

Pagare le tasse è un momento importante per i cittadini, non deve trasformarsi in «angoscia» a causa di legislatori non coscienziosi, normative farraginose, strutture pubbliche inefficienti, consulenti impreparati e garanti della legge non consci del loro ruolo.

> «In questo contesto è più forte la tentazione di difendere il proprio interesse senza preoccuparsi del bene comune, senza badare troppo alla giustizia e alla legalità. Perciò è richiesto a tutti, specialmente a quanti esercitano una professione che ha a che fare con il buon funzionamento della vita economica di un Paese, di giocare un ruolo positivo, costruttivo, nel quotidiano svolgimento del proprio lavoro, sapendo che dietro ogni carta c'è una storia, ci sono dei volti. In tale impegno, che, come dicevamo, richiede la cooperazione di tutti, il professionista cristiano attinge ogni giorno dalla preghiera e dalla Parola di Dio la forza anzitutto per fare bene il proprio dovere, con competenza e saggezza; e poi per "andare oltre", che significa andare incontro alla persona in difficoltà; esercitare quella creatività che ti permette di trovare soluzioni in situazioni bloccate; far valere le ragioni della dignità umana di fronte alle rigidità della burocrazia»[149].

4.8 Educare a una «fiscalità responsabile»

Di fronte al massiccio fenomeno dell'evasione fiscale sia in termini di mancato gettito alla «cassa comune», sia per il considerevole numero di soggetti coinvolti, seppur con modalità e intensità diversificate, è ragionevole contrapporre da parte delle istituzioni pubbliche un'intensa attività di accertamento e di controllo al fine di ridurre drasticamente l'impatto negativo che esso produce sulla convivenza civile.

---

149 PAPA FRANCESCO, *Discorso ai partecipanti al Congresso mondiale dei Commercialisti*, 14 novembre 2014

Ma i controlli, per quanto numerosi, straordinari ed efficaci essi siano, rischiano di non sortire completamente l'effetto sperato, ciò soprattutto nel senso di garantire stabilmente nel tempo comportamenti di *tax compliance*, cioè di propensione ad agire in conformità alla legge. Una massiccia e talvolta "bellicosa" azione di controllo, infatti, potrebbe essere percepita come accanimento e, dunque, suscitare reazioni negative che a loro volta potrebbero dare ulteriore linfa al «partito degli evasori».

A livello sociale, nessuna disposizione etica si afferma senza la comune assunzione di valori e senza il consenso attivo alla sua concreta traduzione. Di fronte alla situazione di una diffusa slealtà fiscale occorre interrogarsi se e in quale modo sia possibile un consenso attivo a concorrere ad alimentare la "cassa comune".

È indubbio che tale consenso si costruisce primariamente attorno alla trasformazione profonda, nel senso poc'anzi evidenziato, tra persona-contribuente, istituzioni politiche, strutture pubbliche e i corpi intermedi costituenti la comunità politica e civile. In particolare occorre superare la visione del contribuente come "monade", ostile verso lo Stato e verso gli altri, cioè in un rapporto di sospetto, quasi fosse un "oggetto" da cui spremere contribuzione. Alla visione improntata sul sospetto, sull'isolamento, sull'ostilità, deve subentrare un atteggiamento di intesa, di cooperazione, di partecipazione fattiva, di dialogo. Tutto ciò sulla scorta della profonda convinzione che i vantaggi correlati ad una convivenza ispirata alla solidarietà sono di gran lunga maggiori e più duraturi rispetto a quelli che potrebbero derivare da comportamenti ispirati dall'interesse individualistico.

Soltanto la condivisa consapevolezza che il fisco è strumento di produzione del bene comune, unita ad una onestà politica nella gestione delle risorse, potrà avere come esito una lealtà fiscale stabile e duratura nel tempo. Ma tale condivisione, che sostanzialmente è la premessa di una vera democrazia fiscale nel contesto di una rinnovata cultura politica di servizio al bene comune, potrà diventare realtà soltanto quale esito di un profondo e continuo sforzo educativo che, a partire dalla famiglia e dalla scuola, coinvolga tutti gli ambiti della società civile.[150]

---

[150] Molteplici sono state negli ultimi tempi le iniziative ad opera di diverse istituzioni verso gli studenti delle scuole elementari, medie e superiori: l'Agenzia Entrate Riscossione ha ideato il progetto "Seminare legalità"; l'Agenzia delle

Moralità e legalità sono strettamente interconnessi: la crescita del senso di legalità, non solo in generale ma anche nello specifico dell'ambito fiscale, ha come necessario presupposto un rinnovato sviluppo dell'etica della socialità e della solidarietà. Al riguardo, nonostante siano passati oltre vent'anni, manifesta ancora grande attualità il messaggio dei Vescovi italiani custodito nel documento «Educare alla legalità»:

«Il senso della legalità non è un valore che si improvvisa. Esso esige un lungo e costante processo educativo. La sua affermazione e la sua crescita sono affidati alla collaborazione di tutti, ma in modo particolare alla famiglia, alla scuola, alle associazioni giovanili, ai mezzi di comunicazione sociale, ai vari movimenti che nel Paese hanno un potere di aggregazione e un compito educativo, ai partiti e alle varie istituzioni pubbliche...

L'affievolirsi del senso della legalità nelle coscienze e nei comportamenti denuncia una carenza educativa in rapporto non solo alla formazione sociale dei cittadini, ma anche alla stessa formazione personale. È necessario far emergere nell'opera educativa in modo vigoroso la dignità e la centralità della persona umana, l'importanza del suo agire in libertà e responsabilità, il suo vivere nella solidarietà e nella legalità.

La Chiesa riconosce che la "norma" fondamentale viene da lontano: viene dalla sapienza e dall'amore di Dio creatore ed è iscritta nella coscienza di ciascuna persona, prima ancora di presentarsi nella forma di una disposizione dell'autorità umana. Proprio per questo la Chiesa insegna che la fedeltà alla "norma" così intesa, e dunque anche alla legge civile, è fedeltà all'uomo, ai suoi valori e alle sue finalità e insieme fedeltà a Dio. In simile contesto si comprende come le comunità cristiane in più occasioni sono impegnate in corsi di formazione all'impegno socio- politico, nei quali viene riservato uno spazio ai problemi della legalità.

I cristiani laici sono chiamati a partecipare, con tutti gli altri uomini, alla costruzione comune della società e, nello stesso tempo, devono avere una coscienza sempre più viva della grandezza e della bellezza della loro vocazione cristiana e della peculiarità della loro condizione "laicale", che li pone sulla frontiera tra la fede e la storia, tra il Vangelo e la cultura, tra l'azione dello Spirito Santo e le competenze e responsabilità umane in ordine a costruire una società sempre più autenticamente umana e più vicina al regno di Dio. In tutto questo i cristiani siano esemplari proprio come "cittadini", sempre ricordando il monito del Concilio: "Sacro sia per tutti includere tra i doveri principali dell'uomo moderno, e osservare, gli obblighi sociali"».[151]

Entrate si è fatta promotrice dell'iniziativa "Fisco & Scuola"; la Guardia di Finanza ha messo in piedi l'iniziativa denominata "Educazione alla legalità economica"; il Consiglio di Presidenza della Giustizia Tributaria d'intesa con il MIUR ha attivato il progetto "Per un'educazione alla legalità fiscale e alla giustizia tributaria"; l'Associazione Italiana Dottori Commercialisti con l'Ordine dei Dottori Commercialisti ed Esperti Contabili il progetto "Ti spiego le tasse". Non è dato di conoscere i riscontri di tali iniziative, ad ogni buon conto si ritiene che, stante la gravità della "questione fiscale", esse vadano intensificate e ripetute a breve periodicità.
Mancano comunque iniziative coordinate e strutturate verso i restanti ambiti sociali, in particolare quello del mondo del lavoro, sia il versante imprenditoriale che quello del lavoro autonomo, sia quello del lavoro dipendente. In questo senso le Associazioni di categoria possono fare molto.

[151] CONFERENZA EPISCOPALE ITALIANA, COMMISSIONE ECCLESIALE GIUSTIZIA E PACE, *Educare alla legalità*, 4 ottobre 1991, n. 15

La legalità fiscale è una forma particolare della giustizia distributiva: trova la sua sorgente nel riconoscimento della dignità della persona umana e dell'intima ed essenziale dimensione sociale e relazionale di ogni uomo. Legalità e giustizia fiscale, colte nel loro significato profondo, fioriranno e porteranno buoni frutti quando nella coscienza di ciascuno si avrà consapevolezza piena che la «vita buona», il «ben-essere comune», non è un'irrealizzabile utopia, ma è concretamente e quotidianamente possibile attraverso i sentieri della solidarietà e della partecipazione.

Rispetto alla «questione fiscale», quindi, è quanto mai necessario avviare processi lungo le direttrici dei quattro principi indicati da Papa Francesco con l'esortazione apostolica Evangelii gaudium che «orientano specificatamente lo sviluppo della convivenza sociale e la costruzione di un popolo in cui le differenze si armonizzino all'interno di un progetto comune»: "Il tempo è superiore allo spazio", "L'unità prevale sul conflitto", "La realtà è più importante dell'idea" e "Il tutto è superiore alla parte".

Principi che vanno intesi come avvio di una riflessione allargata a tutte le componenti della società – cittadini, famiglie, imprese, istituzioni pubbliche e private, comprese quelle ecclesiali – in ordine al rapporto tra le finalità della fiscalità e la loro concreta, equa e giusta attualizzazione, ricordando che l'essere fedele cittadino è una virtù e la partecipazione alla vita politica è un'obbligazione morale (EG 220), ben sapendo che "fare tutto subito" è pressoché impossibile e che occorrerà lavorare a lunga scadenza sopportando con pazienza situazioni difficili e avverse (EG 223); che i conflitti non possono essere ignorati o dissimulati (EG 226) ma vanno accettati e gestiti, risolvendoli in modo da trasformarli in un anello di collegamento con un nuovo modello di pacifica convivenza dove la solidarietà diventa uno stile di costruzione di una comunione nelle differenze (EG 228); che le idee sono strumenti per cogliere, comprendere e dirigere la realtà (EG 232) evitando, però, che le stesse prendano il sopravvento trasformandosi in retorica sterile o esercizio di razionalità estranea alla gente (EG 233); riconoscendo, infine, che il tutto è più della parte e, dunque, evitando l'accanirsi su questioni limitate e particolari perdendo di vista la dimensione globale (EG 235) delle problematiche correlate alla questione fiscale.

Una vera, buona e giusta riforma di detto rapporto, un'autentica *lealtà fiscale* nel senso che si è cercato di delineare, può nascere solo da un disegno complessivo inteso a rafforzarsi nei suoi fondamenti etici, perché condiviso e partecipato a tutti i livelli in cui si esprime la nostra cittadinanza e appartenenza a una comunità:

> I cristiani sono chiamati in prima persona a questo compito educativo con «la credibilità del testimone». Trova piena valenza a tal riguardo e ben si addice anche alle modalità con cui ogni cristiano dovrebbe rapportarsi alla fiscalità il messaggio dei nostri Vescovi: «L'educatore è un testimone della verità, della bellezza e del bene, cosciente che la propria umanità è insieme ricchezza e limite. Ciò lo rende umile e in continua ricerca. Educa chi è capace di dare ragione della speranza che lo anima ed è sospinto dal desiderio di trasmetterla».[152]

---

[152] CONFERENZA EPISCOPALE ITALIANA, *Educare alla vita buona del vangelo. Orientamenti pastorali dell'Episcopato italiano per i decennio 2010-2020*, 4 ottobre 2010, n. 29

INDICE

Printed by Books on Demand GmbH, Norderstedt / Germany